가상칠언

가상칠언

초판 1쇄 발행 2024년 1월 22일

지은이	길선주
엮은이	키아츠
펴낸이	손영란
편집	류명균 최선화
디자인	조유영
펴낸곳	키아츠
주소	서울시 도봉구 마들로 624, 302호
전화	02-766-2019
팩스	0505-116-2019
홈페이지	www.kiats.org
이메일	kiatspress@naver.com
블로그	blog.naver.com/kiatspress
페이스북	www.facebook.com/kiatspress

ISBN 979-11-6037-214-4(03230)

이 책은 1941년 최인화가 펴낸 《길선주 목사 설교집》을 주 인용본으로 했으며, 이 외에도 《종교계 제명사 설교집》(1921), 〈종교교육〉 제2권 10호(1931.10), 〈그리스도신문〉[(1906.2.15) (1906.3.8)], 〈성화〉 제2권 6호(1936.6), 〈신앙생활〉 9권 3호(1940.3)에 게제된 길선주 목사의 글을 엮은 것입니다. 2008년 키아츠가 엮고 홍성사가 출판한 '한국 기독교 지도자 강단설교' 《길선주》의 개정판으로 저작권은 키아츠에 있습니다. 무단 전재와 복제를 금합니다.

가상칠언

길선주 지음 | 키아츠 엮음

차례

키아츠 20주년 기념판 서문 6
2008년판 서문 12
머리말 14

1장 가상칠언, 십자가 위에서 주님이 남긴 일곱 마디 말씀 27

"이 무리를 사하여 주시옵소서" 28
"네가 반드시 나와 함께 낙원에 있으리라" 35
"여자여, 보시옵소서" 42
"엘리 엘리 라마 사박다니" 49
"내가 목마르다" 58
"다 이루었다" 62
"아버지여! 나의 영혼을 아버지의 손에 부탁하나이다" 64

2장 가치와 사랑 67

가장 귀한 생명 68
거룩한 산에서 주신 영적인 계시 77
순간에 얻는 구원: 구원에 필요한 5대 요소 89
사랑은 낙원의 꽃씨 94
우리가 누구에게로 가오리까 100

3장   그리스도인의 삶 105

    선악과 시험에 대하여 106
    죄를 자복하고 기도하라 111
    그리스도의 향기 120
    그리스도 안에 있는 자의 3대 행복 126
    성도의 5대 요강(要綱) 133
    신자의 세 가지 본분 144
    성령의 은혜를 옳게 분별하라 153
    감독의 책임 160

4장   평화의 새벽 169

    말하는 기계와 앵무새라 170
    성신을 충만히 받을 방책 173
    추수감사일의 조선 유래와 그 의의 176
    평화의 새벽 184

길선주 목사 연표 198
참고문헌 199

키아츠 20주년 기념판 서문

세계 기독교 영성 선집에 새롭게 자리한 한국 기독교 유산

키아츠KIATS는 2004년 설립되어 한국 기독교의 신앙 유산을 학문적으로 정리하고 이를 국제적으로 알리는 일을 일차적으로 시작했다. 영문잡지 *KIATS Theological Journal*은 그 첫 번째 결과물로 2005년부터 2009년까지 총 9권이 발행되었다. 한국 기독교를 영문저널을 통해 세계와 나누려던 작업에 미국 하버드대학교의 하비 콕스Harvey Cox와 프린스턴신학대학에서 내가 배운 선교학자 앤드류 월스Andrew Walls 교수를 비롯한 많은 분이 힘을 실어 주었다. 이 저널은 키아츠의 이후 연구서들이 전 세계로 나가는 일차적인 통로를 개척해 주었다.

영문저널에 이은 키아츠의 두 번째 작업은 '한국 기독교 지도자 강단설교' 시리즈로 2008년부터 4년간 한국 기독교를 대표하는 목회자와 신학자 10명의 설교와 글을 묶어 한글과 영어로 출간했다. 키아츠 연구진의 연구에 기초해 홍성사가 한글책을 출간했고, 키아츠는 영어번역본을 동시에 출간했다. 이 시리즈는 교단을 초월해 한국 기독교의 특징을 가장 잘 보여주는 10명의 인물을 간추려 이들이 남긴 기록문서를 통해 한국 기독교를 정리하려는 의도로 진행되었다. 우리는 여러 연구자들과 목회자들과 해당 인물 후손들의 도움을 얻어 길선주, 김익두, 주기철, 손양원, 이성봉, 이용도, 김교신, 김정준, 한상동, 김치선 작품 선집을 출간했다. 이 과정에서 홍성사의 정애주 사장과 편집자들의 보여준 사랑은 이후 키아츠 연구·출간에 큰 도움이 되었다. 이때 간행된 책 중에서 길선주, 주기철, 손양원, 이성봉의 작품은 중국어 번역본까지 출간되었다.

이후 키아츠의 연구는 '한국 기독교 고전 시리즈' '한국 기독교 선교사 시리즈' '기독교 영성 선집' 등으로 확장되었다. 특별히 2011년부터 시작된 '기독교 영성 선집'은 전 세계 기독교의 주옥같은 작품을 '펭귄북스' 같이 한 손에 들어올 만한 작은 크기로 간행했다. 이 시리즈는 2천 년 세계 각국의 기독교 영성 작품뿐만 아니라 아시아와 한국 같은 그동안 주목받지 못했던 나라의 기독교 신앙 유산까지 담아내는 것을 목적으로 삼았다. 이 시리즈는 2023년까지 총 25권이 발행되었다.

2024년 키아츠 설립 20주년을 맞아 과거에 간행했던 '한국 기독교 지도자 강단설교' 중에서 독자들의 사랑을 많이 받은 5명의 작품 - 길선주, 김익두, 주기철, 손양원, 이성봉 - 을 새롭게 다듬어 내놓게 되었다. 초판이 원전의 맛을 살리기 위해 가급적 원문을 그대로 남겨 두었다면, 이번에는 누구나 쉽게 읽을 수 있게 고어와 한자를 가능한 한 풀고 현재 사용하지 않는 일부 어투도 쉽게 바꾸었다. 시대가 변함에 따라 언어가 변하기에 현재에는 사용하지 않는 죽은 말들, 익숙하지 않은 어투를 제거하는 새로운 편집이 필요하다고 느꼈기 때문이다. 우리는 글을 편집하면서 젊은 청년을 독자로 상상했다. 지금으로부터 약 100년 전에 태어나 지금과는 다른 말과 글을 쓴 저자들의 의도를 젊은 세대에게 쉽고 명확하게 전달하고 싶었다. 비록 글은 오래되었지만, 글 속에 흐르는 신앙 정신은 지금도 여전히 우리의 가슴을 울리는 힘이 있기 때문이다.

'고전의 현대화'라는 원칙을 정했지만, 글에는 언제나 예외가 있다. 한자어를 가능한 한 풀어서 썼지만 한글로 풀면 너무 길어지는 경우, 한글로 풀기에 적당한 단어를 찾기 어려운 경우 원문 그대로 두었다. 또한 내용 이해를 방해하지 않는 예스러운 표현은 고전의 맛을 살리고자 일부 남겨 두었다. 옛글을 오늘날의 언어로 수정하는 과정에는 늘 위험이 따른다. 글이 부드러워지면서 의미가 흐려지기도 하고, 현대어와 옛글이 공존하며 어색한 글이 될 수도 있다. 하지만 독자들이 이러한 노력을 과거 선진들의 신앙이 계속 다음 세대로 이어지기를 갈망하는 작은 몸부림이라 이해해 주면 좋겠다.

우리는 '기독교 영성 선집'을 출간하면서 세계 기독교와 한국 기독교의 작품을 독자들이 나란히 두고 같이 읽는 날을 꿈꾸었다. 독자들이 유럽 것과 한국 것의 구별 없이 골고루 고전과 원문을 읽다 보면, 키아츠가 소망했던 기독교 신앙의 합집합을 넓혀가고 교집합을 보다 확실하게 파악할 수 있을 것이라 믿었기 때문이다. 그래서 지금까지 기독교 신비주의 영성에 큰 영향을 미친 위-디오니시우스, 클레르보의 베르나르, 에크하르트를 비롯해 테클라와 페르페투아, 노르위치의 줄리안, 빙엔의 힐데가르트와 같은 여성의 작품들, 그리고 종교개혁의 문을 연 마틴 루터의 작품을 번역해 출간했고, 한국 기독교 작품으로 이세종과 이현필, 소록도의 이야기를 선보였다. 동시에 비잔틴기독교의 영성을 잘 보여주는 고백자 막

시무스, 닛사의 그레고리우스의 작품들과 한국 가톨릭의 순교적 고백을 잘 보여주는 《사후묵상》도 간행했다. 이번에 '한국 기독교 지도자 강단선교' 시리즈 5권을 새롭게 다듬어 다시 발행한 것은 그동안 영성시리즈에서 미흡했던 한국 기독교 작품의 비중을 높이고 기독교 영성 선집이 더욱 균형 잡힌 시리즈로 자리하는 계기가 마련해 줄 것이다.

주기철 목사는 신사참배 반대로 7년여 동안 혹독한 고문을 당하며 주님 가신 십자가의 길을 따라갔다. 손양원 목사는 자신의 두 아들을 죽인 원수를 용서함으로 사랑의 대 계명에 순종했다. 이처럼 5권의 책에 실린 글은 일본강점기와 한국전쟁의 질곡을 통과한, 삶으로 증명된 글이다. 그래서 투박하지만 힘이 있다. 우리의 영혼을 흔들어 깨우며 나 자신의 삶을 돌아보게 한다. 이들이 섬긴 크신 하나님, 목숨을 다해 사랑했던 예수님, 이들과 함께 했던 부흥과 열정의 성령님은 지금도 여전히 우리와 함께 하신다. 이러한 사실이 독자들에게 새로운 용기와 활력을 불어넣기를 기대한다.

언제나 그러하듯이, 이번 책들도 많은 분들의 수고와 노력이 누적된 결과이다. 원래 이런 꿈을 나누고 귀하게 간주해 주신 홍성사의 정애주 사장님과 스텝들, 키아츠 초기에 혼신을 다해 기초를 놓은 데 손을 잡아준 박은영 박사, 그리고 최근에 편집 조언을 해주신 신현기 선생께도 깊은 감사를 드린다. 그리고 오랫동안 키아츠의 연구와 출간 순례에 묵묵히 자리를 맡아준 류명균 팀장과 최선화 연구원의 노력에도 감사한 마음이다. 마지막으로 2008년 이 책이 처음 출간되었을 때 리먼 브러더스 사태로 인한 경제적 어려움에도 책을 사주시고 키아츠를 격려해주신 미국과 캐나다의 여러 교회와 성도들, 그리고 국내 교회와 성도들께도 감사를 드린다. 키아츠의 오늘날의 결과물은 그러한 선하고 아름다운 의지를 가진 분들의 힘이 한 올 한 올 모여 이루어진 것이다.

2008년에 작성한 발행사는 여전히 키아츠의 연구와 출간의 기본자세를 잘 담고 있어 아래에 더했다. 그동안 키아츠의 연구 결과를 사랑해주신 분들이, 여전히 키아츠의 영성 선집을 사랑해주실 것으로 믿는다.

2024년 1월
키아츠 원장 김재현

2008년판 서문

한국 기독교는 세계 2,000년 기독교 역사에 유례가 없을 정도로 단시간에 박해와 고난, 열정과 헌신, 교회 성장과 선교와 같은 다양한 경험을 맛보았다. 이러한 경험은 조선 유학자와 초기 가톨릭 교우들의 논쟁, 박해와 순교를 내세와 참된 신앙에 대한 묵상으로 승화시킨 설교와 글과 시 등을 통해 고스란히 표출되었다. 하지만 현재를 사는 우리는 이를 가다듬지도, 그 진정한 가치를 온전히 인식하지도 못하고, 늘 서구 기독교만 동경하며 그 문화를 받아들이기에 급급했던 것이 사실이다.

최근 들어 지금까지 소홀했던 한국 기독교의 믿음의 유산을 발굴하여 현재의 삶과 신앙을 반성하려는 신앙인들이 늘고 있는 것은 무척 고무적인 일이다. 이런 맥락에서 키아츠(KIATS, 한국고등신학연구원)는 "믿음의 유산" 시리즈를 통해 한국 기독교의 유산을 집대성하고자 한다.

"믿음의 유산" 시리즈는 기독교 유래 초기부터 오늘에 이르기까지 한국 기독교의 특징을 잘 드러내 주는 신앙적 혹은 학문적 가치를 갖는 일차 문헌을 선별하여 담아낼 것이다. 먼저 목회자와 신학자를 포함한 성직자의 설교를 〈한국 기독교 지도자 강단설교〉로 묶어 펴낼 것이며, 그 밖에 사회운동가, 정치가, 사상가, 문인, 예술인 가운데 기독교적 정체성을 갖고 한국 기독교에 공헌한 분들의 작품도 묶으려 한다. 원전을 정리하고 선별함에는 저자의 설교문과 논문, 수필과 단상, 시와 선언문, 단행본과 전집 등 활자화된 문헌을 우선으로 한다.

이 시리즈를 통해 독자들은 그동안 묻혀 있던 한국 기독교의 보석같은 글을 다양하게 접하게 될 것이다. 이로써 치열하게 믿음의 본을 보이며 살다간 조상들의 신앙을 음미하여 오늘을 반추하며, 하나님께서 한국 기독교의 미래에 허락하실 원대한 계획을 꿈꿀 수 있을 것이다. 그뿐만 아니라 외국 번역물이 우리나라 기독교인들의 독서를 주도하는 상황에서 우리네 정과 풋풋함, 구수한 토속적 신앙을 한껏 맛보게 될 것이다.

가장 지역적인 것이 가장 세계적이라는 말이 있듯이, "믿음의 유산" 시리즈가 우리 것에 대한 진지한 성찰과 함께 세계적 차원에서 우리의 신앙을 발견하고 재정립하는 데 좋은 기회가 되길 소망한다.

머리말

한국 교회의 초석이 된 길선주 목사

영계銀溪 길선주吉善宙 목사(1869-1935)는 한국인 최초의 목사이면서, 한국 교회를 오늘의 경이적인 교회로 건설한 개척자이다. 그의 신앙은 오늘의 한국 교회가 지키고자 하는 전통의 정正, 즉 바른 신앙이 되었고, 그의 인격과 덕망은 오늘의 한국 교회가 늘 돌아보고 따르려 하는 모형이 되었다. 한국 기독교 역사에서 길선주 목사가 차지하는 위치는 다음과 같다.

역사적 중요성
길선주 목사가 활동하던 시대는 대개 1890년대에서 1930년대로, 한국 개신교의 초창기에 해당한다. 그는 기독교회를 전국 도처에 세우고 발전시켜서 오늘의 한국 교회 모습을 갖추게 한 공적을 남겼다. 길선주 목사는 1만 7,000회 이상 설교한 것으로 집계되었고, 그의 설교를 들은 자는 380만 명 이상이었다고 전해진다. 전국 60여 처에 교회를 설립했으며, 그의 영향을 받아 목사나 학자, 또는 장로가 된 사람은 수백 명을 헤아렸다. 그에게서 직접 세례를 받은 사람은 3,000명 이상이며, 그의 전도로 기독교에 인도된 사람은 7만 명 이상을 헤아렸다. 더구나 그의 부흥회 행적은 35년간 삼천리 강토 전역과 남북 만주를 망라하여 총 4천 킬로 이상의 거리에 이르고 있다. 이처럼 그는 한국과 중국 땅을 누비며 부흥회와 사경회를 인도하였다.

길선주 목사가 독립선언 서명자 33명 중 한 명이었다는 사실이 말해 주듯이, 그는 일제하 시련 속에 있는 겨레에게 말세의 희망과 위로를 선포하였던 겨레의 선한 목자 가운데 한 명이었다. 이러한 면은 그의 주요 저서 《말세학》을 통해서도 잘 알 수 있다. 길선주 목사는 말세에 대한 강의로 좌절에 빠진 겨레에 희망을 불어넣어 주었다. 한때는 독립협회에도 관여하여 민족의 앞길을 깨우치려고 하였지만, 자신은 전도에 전심하고자 직접적인 정치 활동에서는 손을 떼었다. 다만 민중계발을 위한 정열을 버릴 수 없어서 평양시 노동자 연합전도에 힘쓴 바 있는데, 이는 한국 기독교 산업전도의 첫 번째 시도로 간주할 수 있다. 1898년 평양 판동에 세운 글방은 후에 숭덕학교와 숭현학교로 발전하였으며, 이를 통해 우리는 길선주 목사의 교육적 열정을 확인할 수 있다.

길선주 목사는 또한 장로 시절인 1906년 평양에서 새벽기도회를 처음으로 시작하였으며, 통성기도 역시 그가 만든 안이었다. 그는 한국 교회를 기도의 교회로 굳혔고, 성경을 읽고 그대로 따르는 교회로 그 체질을 삼게 한 선각자이자 공로자였다. 예를 들어, 길선주 목사는 구약성경을 30회 이상, 신약성경은 100회 이상, 요한1서는 500회 이상 읽었으며, 3·1운동으로 옥에 갇혔을 때는 요한계시록을 1만 200번이나 읽었다고 한다. 이렇듯 성경은 그의 온몸에 살아 움직이는 생명력이었다.

길선주 목사의 생애

길선주는 1869년 3월 25일에 평안남도 안주에서 길봉순의 아들로 태어났다. 비교적 유복한 집안이었기에 그는 일찍부터 한학 교육을 받아 그 총명과 사고력이 널리 알려져 있었다. 12세에 이미 가난한 여인을 동정하는 시 한 편을 써서 남길 정도였으니, 그의 명석함과 정서적 풍요를 가늠하기 어렵지 않을 것이다.

기독교에 입교하기 전 선도仙道에 오래 심취해 있던 그는 신령한 기운으로 힘과 정신을 돋우는 것에 도통하고, 산에 올라 기도하는 입산入山기도로 수개월을 보내는 등 상당한 실력을 보여 주었다. 이는 그 자신이 한국적 정서에 그만큼 깊이 맞닿아 있었다는 뜻이다.

1897년 어느 날 길선주는 선교사 사무엘 마펫Samuel Moffet과 후에 목사가 된 친구 김종섭이 건네준 영국 청교도 존 버니언John Byunan의 《천로역정》을 접하게 되었다. 그리고 이 책을 읽은 후 감격과 감동의 눈물을 흘리며 마침내 기독교의 복음 안에서 안식을 찾게 되었다. 이 일로 세례를 받은 것이 그의 나이 29세였다. 길선주의 이러한 감동적인 회심 사건은 미국 주일학교 공과에도 실려 많은 감동을 주었고, 독일 교회에서도 여러 사람이 그 글을 읽고 감동을 하여 헌금을 보내 주기도 했다.

길선주는 30세가 되던 1898년에 평양에 있는 장대현교회의 중심인물 격에 해당하는 영수領袖가 되었는데 그때 교인 수가 천여 명으로 확장되는 기적이 일어났다. 그리고 1901년 33세 되던 해에는 장로로 피택되었다. 1903년 길선주는 평양에서 가장 큰 장대현교회와 황해도 각 지역 순회 조사 일을 맡았다. 그는 같은 해인 1903년 평양장로회신학교에 입학하여, 1907년 한국 최초 신학교 졸업생 일곱 명 중 한 명이 되었다. 평양 대부흥운동을 경험한 해인 1907년 9월에 안수를 받고, 같은 해 10월에 장대현교회 목사로 취임했다.

평양대부흥운동과 그 운동의 본산지인 장대현교회, 그리고 길선주의 목사 취임은 한국 교회사에 획기적인 사건이었다. 특히 1907년의 평양대부흥운동은 한국 교회 역사의 가장 중요한 사건 중 하나이다. 세계 유수의 신문들은 이 성령의 강림으로 한국 교회는 말할 것도 없고, 한국 민족이 변화했다고 대서특필할 정도였다. 이 성령 강림으로 한국 교회는 이제 세계 교회를 가르칠 수 있는 기독교의 전통적 교회로 부상하였다고 찬탄을 그치지 않았다.

이 대부흥운동의 선두에 성령의 부름을 받은 사람이 바로 길선주 목사였다. 그는 1906년부터 계속 사경회를 인도하였는데 그때 황해도에서 성령의 은사로 신앙을 받아들인 사람 중 한 명이 훗날 대표적 부흥사가 된 김익두였다.

1907년 1월 6일, 바로 그날 성령의 불길이 장대현교회에 떨어졌다. 그때 온 교회는 길선주 장로가 인도하는 기도회로 모여 있었는데 몇천 명의 교인들이 다들 성령의 불길에 휩싸였다. 바로 거기서 통회와 자복으로 전대미문의 회개운동이 일어났다. 한국 교회는 이때 성령의 임재를 경험했고, 하나님의 교회로 그 골격을 굳히게 되었다.

1908년에는 장대현교회에서 한 주일에 200여 명이 함께 세례를 받는 일도 있었다. 1922년에는 교인 수가 무려 1,358명에 이르렀다. 당시 평양의 인구가 4만 명이 안 되던 때라는 점을 생각할 때, 이는 실로 대단한 일이었다.

하지만 시대는 변하고 있었다. 한국 사회 전체에 공산주의와 사회주의 사상이 만연하고 있었다. 신진 청년들이 길선주 목사의 보수신앙에 반기를 들었고, 심지어 1926년에는 배척 운동까지 전개하였다. 이로 인해 결국 길선주 목사는 장대현교회의 목사직을 사퇴하고 원로 목사가 되는 이변을 겪었다. 하지만 그 일로 길선주 목사는 오히려 전국을 다니며 부흥회를 인도하는, 한국 교회 부흥운동의 시대를 열었다.

그의 나이 63세 때, 1933년에 설립된 이향리교회를 임시로 맡게 되었다. 2년 뒤인 1935년 11월 25일 강서군의 고창교회에서 열린 평서노회平西老會 사경회 다섯째 날 새벽기도회 후에 쓰러졌는데, 이 일로 다시 깨어나지 못한 채 다음 날인 11월 26일 오전 9시 30분에 하나님의 부르심을 입었다. 그의 장례식은 평양노회장으로 숭실전문학교 대강당에서 진행되었으며, 사회는 평양노회장 이승길 목사가, 설교는 총회장 정인과 목사가, 약력은 김화식 목사가 맡았다. 그의 장례식을 위한 조문객이 5,000명을 넘었는데, 그가 한국 교회와 성도들에 끼친 영향을 가히 짐작할 수 있다.

이상에서 살펴본 바와 같이, 길선주 목사는 한국 교회의 초석이었다. 한때 한국의 재래 종교인 선도에 깊이 입문했던 것은 전형적인 한국인으로서 기독교를 받아들인 상징이 되었다. 그는 한국 교회 최초의 노회인 독노회獨老會를 선교사들과 함께 조직하였고, 1905-1907년 한국교회 대부흥운동을 선도하였으며 한국 교회의 신앙과 경건의 형태, 곧 기도와 성경 읽기를 근간으로 하는 신앙생활의 틀을 잡아 주었다. 그리고 독립운동과 민중노동운동을 시작하였으며, 전국을 누비며 사경회와 부흥회 활동을 계속하여 한국의 민족적 기독교회를 이룩하였고, 《평양 산정현교회사》, 《평양연합부인회 사기史記》와 같은 역사적인 글을 남기고, 설교와 설교에 관한 저서를 간행한 한국 교회 제1세대의 주도적 인물이었다.

주요저작

길선주 목사는 바쁜 일정에도 불구하고 놀라울 정도의 정력으로 여러 저서를 남겨, 그의 신학과 신앙을 살펴볼 수 있게 했다. 그의 개종 시에 미친 존 버니언의 영향을 반영하듯 길선주 목사는 자신만의 독특한 《천로역정》 독법을 《해타론懈惰論》과 《만사성취萬事成就》라는 책으로 남겼다. 자신이 남긴 많은 설교와 함께 설교 대지大旨, 즉 개요를 정리한 《강대보감

講臺寶鑑》은 이후 한국의 수많은 목회자에게 '대지 설교'의 본이 되었다. 암울한 시대를 반영하듯 그의 《말세학》은 한국 개신교 100년사에 길이 남을 종말론에 대한 중요한 작품이 되었다. 기독교로 개종하기 전에 시대와 자신의 처지를 노래한 《산림처사춘몽가山林處士春夢歌》 같은 작품은 한학과 동양사상에 대한 깊은 이해를 잘 보여 준다. 유고遺稿로는 《성경요집》, 《격언집》, 《조선과 유대 풍속 유고類考》, 《혜화집》 등이 있다.

키아츠는 2008년에 《만사성취》를 〈한국기독교 고전시리즈〉로 출간했다. 이 책은 원본을 사진으로 담았을 뿐만 아니라 현대 한국어로 풀어 쓴 본문과 영어 번역본까지 담았다. 또한 김정현 목사가 정리한 〈말세론〉과 길선주 목사가 기고한 〈말세학〉을 엮어 《말세론 말세학》을 2010년에 출간했다.

이 책의 구성

이 책은 길선주 목사의 신앙과 삶을 잘 보여 주는 설교와 중요한 글들을 모아 크게 네 부분으로 구성했다.

제1장은 예수님이 십자가 위에서 남긴 일곱 마디 말씀을 길선주 목사가 해석한 설교이다. 민족적 고난을 반영하듯, 십자가 위에서 고난받는 그리스도께서 최후에 남기신 말씀을 통찰력 있는 해석을 곁들여 소망과 축복의 메시지로 전한다.

지금도 매년 부활주일마다 많은 독자들이 그의 '가상칠언' 설교를 찾고 있다.

제2장은 생명, 영혼, 사랑 등 기독교의 핵심 가치를 길선주 목사만의 강렬한 언어로 외치고 있다.

제3장은 죄와 시험, 신자의 기본적 본분을 구수한 한자와 한글을 통해 한국 사람 특유의 정감으로 전달해 준다.

제4장은 지금까지 잘 알려지지 않았지만, 설교가요 민족적 지도자인 길선주 목사의 면면을 좀 더 선명하게 보여 주는 글들이다. 특히 〈그리스도신문〉에 실린 두 편의 글은 길선주 목사의 성경 해석의 특징을 여실히 보여 준다. 그리고 "추수감사일의 조선 유래와 그 의의"는 한국에서 추수감사절이 어떻게 태동하게 되었는지를 잘 보여 준다. "평화의 서"는 일제의 검열 속에서 설교 중 일부가 삭제되는 불운을 겪기도 했지만, 일제 통치의 서슬 푸르던 시대에 역설적으로 평화의 기본을 소리 높이고 있다.

길선주 목사의 작품이 후대에 미친 영향

길선주 목사는 성경 주석에서 진지한 문자적 석의釋義에 아날로그, 곧 유비적類比的 방법을 엇섞는 묘한 방법으로, 성경을 우리 삶의 골수에 닿게 하는 강력한 호소력을 가지고 있다.

그는 우리 주변의 사소한 일, 일상의 일을 성경의 가르침과 꼭 맞는 고리를 찾아 맞추는, 비범한 관찰력을 지니고 있다. 성경이 실제 나의 문제와 직접 관련되어 있다는 것을 그처럼 잘 보여 준 설교가는 당대에 거의 없었다.

길선주 목사의 설교는 하나님의 사랑과 그리스도의 십자가 보혈의 은혜, 그리고 성령의 능력을 핵심으로 하였다. 그는 거기에서 떠난 일이 없었다. 거기서 어긋나는 어떤 경우도 용인된 적이 없다. 따라서 그의 설교에는 때로 무서울 정도의 비판과 경고가 따랐다. 한 예가 이 책에 수록된 "감독의 책임"이라는 설교인데 길선주 목사 자신도 "말이 격하여 차례가 없고 예를 결함이 있을 것도 양해" 바란다는 서두로 시작할 정도이다.

길선주 목사는 한국 기독교의 기초를 놓은 창건자이다. 한국 교회가 세계적인 교회가 되었다면 그것은 그의 신앙과 설교가 그 초기에 경이로운 정도의 정통으로 우뚝 서서 처음부터 사도적 전승의 교회로 정착하게 한 데에 있다고 할 수 있다. 그는 기독교가 한국인에게 무엇이며 어떤 것인가를 역력히 보여준 한국 교회의 가장 위대한 목회자요 신학자였다. 질곡의 한국 근대사 초기에, 기독교의 복음은 사후 천당만이 아니라 실제 모든 사람에게 지금, 여기의 문제로 생생하게 다가 오는 것, 그것을 실감하게 한 것이 길선주 목사였다. 이 책은 이러한 길선주 목사의 깊은 통찰력과 열정을 생생하게 느끼게 해 줄 것이다.

민경배(연세대학교 명예교수)

일러두기

- 이 책은 2008년 홍성사에서 펴낸 '한국 기독교 지도자 강단 설교' 《길선주》(키아츠 엮음, 홍성사 출판)의 개정판이다. 2008년에 출간한 책이 원전의 맛을 살리기 위해 가급적 원문을 그대로 남겨 두었다면, 개정판은 독자들이 쉽게 읽을 수 있도록 원전의 의미를 변화시키지 않는 범위에서 가능한 옛말과 한자를 현재 사용하는 한글로 풀어 썼다. 또한 현대 독자에게 낯선 예스러운 표현과 어투도 일부 바꾸었다.
- 1941년 최인화가 펴낸 《길선주 목사 설교집》을 주 인용본으로 했으며, 여기서 가져온 글은 출처 표기를 따로 하지 않았다. 출처가 다른 경우에는 별도 표기했다.
- '성신'이라는 용어를 그대로 사용하였다. 길선주 목사 시기에는 '성령'을 지칭하는 '성신'과 '성령'을 혼용해서 사용했다.
- 본문의 성경 인용은 길선주 목사가 사용한 성경구절 그대로 담기보다 개역개정판을 따랐다. 길선주 목사는 한글 표준본의 하나인 〈성경개역〉(1938)이 만들어지기 전인 1935년에 소천했기 때문에 성경구절이 오늘날 우리가 많이 사용하는 개역성경과 다르다.
- 본문에서는 모든 문체를 경어체(습니다)로 바꾸었다.
- 이해를 돕기 위해 한자와 영어를 추가하고, ( )와 각주로 보충설명을 더했다.

1장

가상 칠언,
십자가 위에서 주님이 남긴
일곱 마디 말씀

"이 무리를 사하여 주시옵소서"

> 이에 예수께서 이르시되 아버지 저들을 사하여 주옵소서
> 자기들이 하는 것을 알지 못함이니이다 하시더라
> 그들이 그의 옷을 나눠 제비 뽑을새 (누가복음 23:34)

예수께서 33년간 인간 세상에서 수고하시고, 죄악의 인류를 구원하시기 위하여 최후로 수난당하시는 십자가 위에서도 오히려 일곱 번 말씀하셨습니다. "예수는 신이신즉, 십자가 위에서의 수난이 그다지 고통이 아니었겠다"고 억측하는 자도 있습니다. 그러나, 예수는 물론 신이시로되 인자人子, 곧 완전한 인간으로서 책형磔形[1]을 받으신 것입니다. 주의 수난은 율법적인 형벌일 뿐 아니라 인간의 죄악 전체에 대해 대신 죽으신 것으로 일종의 영적인 형벌이었습니다.

주님이 받으신 영적인 또는 육적인 큰 형벌, 큰 고통은 영

---

[1] 기둥에 묶고 창으로 찔러 죽이는 십자가형을 뜻한다.

원토록 겪는 지옥 고통의 총합 이상의 것이었습니다. 그것은 우주도 견딜 수 없어서 해가 빛을 잃고, 대지도 감당할 수 없어서 깨어지지 않을 수 없는 큰 고통이었습니다(마태복음 27: 51).

우리 주님은 이 고난의 십자가 위에서도 오히려 기도하시고, 죄인을 위하여 도道를 말씀하시고, 모친을 위하여 유언하시고, 하나님을 향하여 간절히 부르짖으신 것이 모두 일곱 번이셨습니다.

적을 위하여 "이 무리를 사하여 주시옵소서", 강도를 향하여 "오늘 네가 반드시 나와 함께 낙원에 있으리라", 어머니 마리아를 요한에게 맡기시면서 "여인이여, 보시옵소서. 저가 아들이니이다", 하나님을 향하여 "엘리 엘리 라마사박다니", 성경을 기억하시고 "내가 목마르다", "다 이루었다" 하시고, "아버지여! 나의 영혼을 아버지의 손에 부탁하나이다" 하셨습니다.

이를 십자가 위에서의 주의 칠언, 즉 가상칠언架上七言이라 합니다. 이는 복음의 모든 특성을 포함하는 종합적인 것이라고도 할 수 있고, 그리스도 정신의 가장 높은 꼭대기라고 할 수도 있습니다. 신자는 반드시 주님의 모든 거룩한 말씀을 기억해야 하지만, 특히 이 말씀을 명심하여 주님의 큰 고통, 큰 자애慈愛를 기념하고 믿고 따라야 할 것입니다.

피 흘림으로 확증한 큰 사랑

주께서 십자가 위에서 하신 첫 번째 말씀을 누가복음 23장 34절은 이렇게 기록했습니다.

"아버지 저들을 사하여 주옵소서 자기들이 하는 것을 알지 못함이니이다"

이는 하늘이 이루고 인생이 난 뒤에 처음 들린 소리요, 하나님의 끝없는 사랑의 발현이 있어 그 크기와 높이가 무한하니 무슨 방법으로든지 설명할 수 없습니다.

예수께서 네 원수를 사랑하라고 거듭 말씀하신 것을 당신이 지상에서 그대로 실행하여 모범을 세우실 뿐 아니라, 당신이 십자가 위에서도 친히 그것을 실행하여 당신의 크신 사랑의 말씀에 당신의 피로써 인印을 치신 것입니다.

세상의 성자가 살신성인의 교훈이 없음은 아니로되, 예수의 이 기도에 미치지 못한 까닭은 거리가 너무 요원하기 때문입니다. 나라를 위하여 충혈을 뿌리는 지사도 있고, 정절을 지키기 위해 목숨을 끊는 열녀가 있으되, 적을 용서하고 살해하는 자를 위하여 기도하는 일은 예수에게서만 있는 일입니다. 성경에도 기독교 최초의 순교자 스데반이 주의 앞선 모범을 따라 자기를 살해한 자들을 용서하고 기도하였을 뿐입니다.

인류의 역사는 복수의 피를 흘리며 간 흔적

다윗 휘하의 요압이라는 장군은 이른바 백전백승의 용사요, 나라를 위해 큰일을 하여 다윗 임금이 아끼는 신하입니다. 사무엘하 2장과 3장 말씀에 의하면, 요압을 포함한 다윗의 신복들과 사울의 아들 이스보셋의 신복들이 기브온 연못가에서 희롱하다가 마침내 전투를 시작합니다. 그때 이스보셋의 군사인 아브넬이 요압의 동생 아사헬이 뒤를 따라 쫓아오는 것을 이길 수 없으므로 부득이 창 뒤끝으로 찔러 죽였습니다. 시간이 지난 후에 아브넬이 다윗에게 귀순한 후에도 요압은 동생의 원수를 갚아 아브넬을 또한 찔러 죽였습니다. 요압은 전장의 용맹스러운 장수로되, 마음속의 복수심을 이기기에는 약자였습니다.

용맹한 자를 말해 무엇하겠습니까? 다윗은 세상에 드문 어질고 덕이 뛰어난 왕이로되, 사무엘하 16장 이하의 기록에 의하면, 압살롬의 난을 피하여 달아나다가 바후림에서 시므이에게 저주를 받고 그 자리에서는 너그럽게 용서하는 아량을 보였습니다. 그러나 임종할 때에는 아들 솔로몬에게 유언을 남기며, 그를 죽여 복수하였습니다.

그뿐인가요? 수족같이 부리던 요압까지도 백발로 평안히 지하에 돌아가지 못하게 하라고 유언하였습니다. 성왕聖王이 이러하였으니, 그 외 평범한 사람들을 논하여 무엇하겠습니까?

"황금 앞에 청렴한 선비가 드물다" 하거니와 원수 앞에 용사도 없고, 성군도 없고, 인자도 없습니다.

인류의 역사를 '전쟁의 피를 흘리며 싸우는 것'이라 하니 이는 복수의 기록입니다. 복수의 피의 흔적을 남기며 지나가는 인류여! 주님의 십자가로 인류 역사의 페이지를 비추어 보면 인간의 역사는 이 악의 자취임이 더욱 명백하게 드러납니다. 또한 십자가에서 못 박히신 주의 마음을 우리의 심정에 비추어 보면 예수의 마음은 하늘이 오히려 낮다고 하겠으나, 우리 사람의 심경은 무덤과 같은 것입니다.

용서는 가장 귀한 덕

성경 연구가 신앙생활에 중요한 일이라 하겠으나 모진 마음을 품고 성경을 읽으면 어떻게 주의 말씀이 들어오겠습니까? 전도는 신자의 큰 의무라 하겠으나 그 마음에 사랑이 있지 않으면 어떻게 사람을 감동시키겠습니까? 기도는 신앙생활에 가장 필요하나 그 마음에 사람을 용서하지 않으면 하나님이 그 기도를 들어주시겠습니까?

"그러므로 예물을 제단에 드리려다가 거기서 네 형제에게 원망들을 만한 일이 있는 것이 생각나거든 예물을 제단 앞에 두고 먼저 가서 형제와 화목하고 그 후에 와서 예물을 드리라"(마태복음 5:23-24).

이렇게 명하신 하나님은 화목케 하는 자의 기도를 받으십니다.

십자가 위에서 오히려 자기 원수를 위하여 축복하시는 주의 제자가 되려는 사람은 마땅히 오랫동안 묵은 원한을 풀어야 할 것입니다. 사람을 용서하는 마음으로만 주님께 나올 수 있습니다.

근래에 큰 예배당이 많이 건축되는 것은 기쁜 일이며, 온갖 기관이 설립되는 것도 축하할 일입니다. 그러나 그 예배당 안에서 다투는 소리가 높아지면 얼마나 통탄할 일이며, 그 기관 내에서 서로 시기하고 파쟁을 일삼으면 그 얼마나 가증한 일입니까? 근래 교인들이 외면적인 거동에는 공손한 모양이 있으나, 내심은 그렇지 않습니다. 웃는 중에도 칼을 품고 지내는 일이 많은 것은 두려워할 일입니다. 교인이면서 서로 원수가 되거나 원한을 품는 자는 독사처럼 무서운 것입니다. 선지자가 예루살렘에서 피를 흘린 것과 같이, 교회에서 무죄한 자를 넘어지게 하는 일이 있습니다.

자기는 의롭고 다른 사람은 불의하다는 아전인수我田引水의 마음으로 사람을 정죄하고, 불의한 자를 어찌 용서하겠느냐고 고집하는 자가 많습니다. 한 걸음 더 양보하여 상대자를 불의하다고 합시다. 불의한 자이기 때문에 용서할 것이 있습니다. 의인을 향해서는 용서할 것이 아무것도 없습니다. 잘못했기 때문에 용서하는 것이 아닙니까?

원수의 마음은 지옥입니다. 신자가 마땅히 누릴, 내면에 있는 희열을 가지지 못하는 것은 남을 용서하지 않는 데 있습니다. 용서의 마음은 천국입니다. 그에게는 주님으로부터 끊임없이 영적 즐거움이 이르러 충만한 것입니다. 스데반은 맞아 죽는 돌무더기 위에서도 영적 즐거움이 넘쳐 천사와 같이 빛났고, 하늘은 그를 향하여 열렸습니다.

예수의 종교는 용서의 종교입니다. 일곱 번씩 일흔 번이라도 용서하고 또 용서하는 것이 예수의 생활이요, 예수의 교훈이요, 예수의 십자가입니다.

예수의 사람들이여, 들으십시오! 이는 남을 용서하는 자가 들을 수 있는 소리이니 십자가에서 피를 흘리시면서 이렇게 말씀하시는 주님의 음성을 들으십시오!

"아버지여, 이 무리를 사하여 주옵소서."

"네가 반드시 나와 함께 낙원에 있으리라"

이르되 예수여 당신의 나라에 임하실 때에 나를 기억하소서 하니
예수께서 이르시되 내가 진실로 네게 이르노니
오늘 네가 나와 함께 낙원에 있으리라 하시니라(누가복음 23:42-43)

누가는 누가복음 23장 39-43절에 예수와 함께 십자가의 책형을 받던 강도 한 명이 회개한 사실을 기록하였습니다. 같은 형벌을 받은 강도 두 사람 중 한 사람은 예수를 훼방하여 조롱하되, 한 사람은 자기들이 받는 책형은 자기들의 범죄에 대하여 합당하다고 회개하고, 예수의 행한 것은 의롭지 아니한 것이 없다고 하여 예수의 의를 믿고 증거하였습니다. 그는 여기서 한 걸음 더 나아가 "당신의 나라에 임할 때 나를 유념하여 달라"고 기원하였습니다. 예수님은 이 강도를 향하여 "내가 진실로 너에게 이르노니 금일에 네가 반드시 나와 함께 낙

원에 있으리라" 하셨나니, 이는 예수께서 십자가 위에서 하신 두 번째 말씀이었습니다.

신앙을 가진 지 오랜 사람은 이런 말씀도 평범하게 생각하기 쉽지만, 십자가 최대의 고통 중에서도 오히려 복음을 전하시는 주님의 지극한 정성과, 강도 같은 악한 죄인을 긍휼히 여기시는 주님의 사랑은 우리는 도저히 설명도 하기 어려울 만큼 비교할 수 없이 넓고 큰 것입니다.

또한 이 강도가 구원을 얻은 데 대하여, 그가 신자의 자격을 갖추지 않고 구원 얻은 줄로 알기 쉽습니다. 그러나 그는 비록 단시간에라도 신자의 자격을 완성한 것입니다. 구원은 물론 값없이 받는 은혜지만, 은혜를 받는 데는 반드시 다섯 가지 조건이 있어야 하는바 그는 이 신앙의 다섯 가지 원칙을 구비하였습니다.

회개

구원 얻는 신앙의 첫째 할 일은 두말할 것 없이 회개입니다. 그런데 이 강도는 먼저 자기의 죄악을 절실히 회개하였습니다. "우리들의 받는 것은 우리들의 행한 것에 합당하다" 함은 그의 찢어지는 십자가 못 자국의 통절함과도 같이 그의 양심이 이제 찢어지도록 몹시 뉘우치는 데서 울려 나오는 말입니다. 그의 손과 발에서는 선혈이 흐르고, 그의 심령에서는 견딜 수 없는 참회가 일어나는 것입니다.

인간이 고난 중에서 자신의 잘못을 뉘우치며 스스로 책망하는 일도 있습니다. 하지만, 고통이 극하면 도리어 악도 극하여지나니, 다른 강도 한 사람의 예가 그것입니다. 그런즉 그가 그 극도의 고통 중에 양심의 본질을 회복하는 것은 그렇게 쉬운 일이 아니었습니다. 누구나 우리의 받는 것이 우리의 행한 것에 합당하다고 절실히 회개하여야 할지니, 우리도 사망과 지옥을 받을지라도 "나의 행한 것에 합당합니다"라고 할 수밖에 없었던 죄인이었습니다.

신앙

그는 신자로서의 가장 귀한 둘째 할 일을 충분히 하였나니, 예수를 하나님으로 믿었습니다. 그와 같은 죄인을 향하여 책하는 말 중에 "오히려 하나님을 두려워하지 아니하느냐"라고 했습니다. 이 말은 성부를 가리켜 한 말이라고도 하겠으나 예수 곧 성자를 훼방하는 죄인의 말에 대한 질책입니다. 여기서 "하나님을 두려워하지 아니하느냐" 하는 말의 '하나님'은 성자를 가리키는 말이라고 볼 수 있습니다. 그런즉 그는 예수를 하나님의 아들로 믿는 것입니다.

권능을 행하시는 예수를 보든지, 성산에서 변화하시는 영광의 예수를 보든지, 하늘에서 이는 "나의 사랑하는 아들이라" 하는 하늘의 음성을 듣든지 한 뒤에 예수를 신의 아들이라고 믿기는 오히려 쉽습니다. 하지만, 무력하게도 잡혀서 자기와 같은 죄인의 신분으로 재판받고 있는 예수를 신이라고 믿기는 참 어려울 것입니다. 수천의 군중이 따르고 수만의 대중이 호산나를 부르는 예수를 메시아로 믿기는 쉽지만, 만인에게 조롱을 받고 자기와 같이 십자가에서 목숨이 끊어질 예수를 메시아로 믿고 인정하기는 능치 못할 일입니다. 그러나 그 강도는 믿었습니다. 무력하게도 살해를 당하는 나사렛 사람 예수를 하나님이라고!

위대하다, 그의 신앙이여! 누가 그의 신앙을 가리켜 베드로의 신앙만 못 한다고 하겠습니까!

예수를 증거함

신자의 셋째 번 할 일은 예수를 증거하는 것입니다. 그는 최후의 힘을 다하여 "이 사람이 행한 것은 의롭지 않은 것이 없느니라"고 예수의 의를 당당히 증거하였습니다.

주의 품에 안겼던 사랑하는 제자 요한은 왜 예수는 십자가에 죽을 죄가 없다고 변호하지 못하였습니까? 수제자 베드로는 왜 예수는 의롭지 않음이 없다고 증거하지 못하고 도리어 부인하는데, 예수를 의인이라고 증거한 이는 강도였던 그뿐이었습니다.

예수께서 불쌍한 자를 구제하시고 병든 자를 고치시는 것을 보고서 "예수는 의롭다"고 하던 제자와 신도들이 일단 예수가 십자가에서 죄인의 처지로 죽임을 당하실 때 그들의 입은 막혔습니다. 주께서 의를 설교하고 불의를 경계할 때는 "네, 옳습니다" 하던 그의 신도들이 이제 다 달아났는데, 예전에 강도이던 그가 예수를 가리켜 의롭다고 증거한 것은 그 얼마나 귀한 일입니까? 이스라엘의 종교가와 민중이 모세의 율법에 비추어 "예수는 죽일 자"라 하고 "예수를 십자가에 못 박자"고 하였고, 로마의 법이 그에게 사형을 선고하였습니다. 하지만, 이를 다 부인하고 "이 사람의 행한 일은 의롭지 아니함이 없다"라고 변호하고 증거한 사람은 이 강도였습니다.

그는 의의 구주를 믿고 구원을 얻고자 하였나니, 예수도 그를 의인으로 보아주셨습니다. 누가 그를 가리켜 강도라 하며, 그의 신앙과 증거를 가리켜 후일 바울의 이신득의以信得義(믿음으로 의롭게 된다는 뜻)의 복음만 못하고 바울의 증거만 같지 못하다고 하겠습니까?

소망

신자의 넷째 번 가질 것은 소망입니다. 십자가에서 새롭게 거듭난, 전일의 강도는 예수에게 이르되 "예수여, 당신의 나라가 임할 때 나를 생각하소서" 하여 영원한 소망을 잃어버리지 아니하였습니다. 이는 내세의 영생과 예수의 재림을 믿고 기다려 마지아니하는 최대의 소망입니다.

인생이 대개 극한 고통 중이거나 큰 죄악 속에서는 자포자기하거나 실망하고 낙담하기 쉬운 것입니다. 그러나 그는 절대적인 고통 중에서도 오히려 미래를 희망하였고, 당장의 사망을 직면하여서도 오히려 앞으로 다가올 영생을 구하여 마지아니하며, 과거의 어떠한 큰 죄악이라도 예수에게 죄 사함만 받으면 천국의 아들이 될 것을 믿고 소망하는 자입니다. 예수에게 누누이 재림의 예언을 듣고 그의 재림을 믿는 제자들의 소망이 위대하다고 한다면, 자기와 함께 죽는 예수를 보고 그 나라의 임할 때를 소망하는 강도의 신앙은 더욱 위대하다고 말할 수 있습니다. 부활하신 예수를 만나보고야 부활의 소망을 확실히 갖고 그것을 선포하는 사도들의 신앙을 크다고 말한다면, 십자가에서 죽어 가는 예수를 보고 그에게 영생을 구하는 강도의 신앙과 소망은 진실로 위대한 것입니다.

기도

신자가 회개, 신앙, 증거, 소망을 가지고도 다섯째로 할 일은 기도입니다.

전일의 강도인 그는 최후일각의 생명과 힘을 다하여 마지막으로 떨어지는 핏방울과 함께 예수에게 기도하였습니다.

"예수여! 당신의 나라가 임할 때 나를 생각하시옵소서."

"예수여⋯⋯ 나를 생각하소서."

이 얼마나 아름답고 더없이 간절한 기도입니까! 인생이 모든 경우에서 "예수여! 나를 생각하시옵소서" 할 것이요, 인생이 마지막 호흡을 할 때도 "예수여! 나를 생각하시옵소서"라고 기도하여 그 생활, 그 일생이 완성인 것입니다.

죄인을 부르러 오시고, 잃어버린 양을 찾으러 오신 예수는 최후의 시간에도 잃어버린 사람 하나를 찾기에 노력하셔서 그에게 구원과 영생의 복을 주셨습니다. 그는 예수 생전 최후의 제자입니다. 가룟 유다를 잃은 주님은 그를 얻으셨습니다. 그로 말미암아 주님은 백 마리의 양 무리 중에서 잃어버린 한 마리의 양을 도로 찾으시는 기쁨을 보게 되었습니다. 그러므로 예수는 최후의 제자인 그에게 "내가 진실로 너에게 이르노니 오늘날 네가 반드시 나와 함께 낙원에 있으리라"고 최대의 허락을 주시고, 가장 큰 자비를 베푸셨습니다.

"여자여, 보시옵소서"

> 예수께서 자기의 어머니와 사랑하시는 제자가 곁에 서 있는 것을 보시고
> 자기 어머니께 말씀하시되 여자여 보소서 아들이니이다 하시고
>
> (요한복음 19:26)

십자가 아래에서 우는 어머니

요한복음 19장 25-26절에 의하면 예수께서 십자가에서 수난을 겪으실 때 주님의 모친과 여러 여자 제자들이 십자가 곁에 서 있었습니다. 이는 지면에서 나타난 가장 극단적으로 비참한 장면이라 하겠습니다.

십자가 위에는 피 흘리는 사랑하는 아들! 십자가 아래는 눈물 흘리는 어머니! 인정人情의 슬픔도 이 장면에 이르러서는 극의 극이요, 지상의 고통도 이 막바지에 이르러서는 가장 애끓는 일이라 하겠습니다.

십자가 아래에 서서 피 흘리는 인자를 쳐다보는 어머니의

마음은 '장차 검이 네 마음을 찌르듯 하리라' 하던 시므온의 예언 그대로의 비통이요, 울고 계신 어머니를 십자가 위에서 내려다보시는 예수의 마음은 쇠못에 찢어지는 손바닥과 같이 통렬하신 것이었습니다. 인자는 지상에서 떨어지는 핏방울과 함께 최후의 한마디를 지상의 모친에게 보내셨습니다.

"여자여! 보시옵소서, 그가 아들이니이다."

사람의 정으로 보면 이는 가장 비극적인 한마디라 하겠습니다. 그러나 이는 비참함을 넘어 위로의 지극한 말씀이요, 인륜의 떳떳하고 변하지 않는 도리입니다. 달리 표현하면, 친아들의 대의를 다하는 지극한 효심의 한마디요, 하늘의 가르침으로 보면 구속의 큰 길입니다.

두 가지 의심이 생기는 글의 뜻을 해석함

예수의 이 말씀에 대하여 두 가지 의심이 생기는 점이 있다고 합니다.

첫째는 주께서 모친을 향하여 왜 "어머니여!" 하지 않고 "여자여!" 하였는지, 또한 "여자여!" 하는 말씀은 불경한 표현이 아니냐고 의심하는 자가 있습니다.

"여자여!" 하는 말은 요한복음 2장 4절에 기록하여 전한 가나안 혼인잔치에서 쓰고, 위 본문의 말씀까지 두 차례에 사용한 언사입니다. 이는 옛날 사람이 귀부인에 대하여 칭하는 존경어로 흔히 쓰는 말이요, 결코 모멸하거나 불경한 언사는 아닙니다. 옛날에 성 아우구스티누스도 클레오파트라에 대하여 이 말을 사용했다고 합니다.

그런즉 주님도 존경어로 이 말을 쓰신 것입니다. 또한, 어머니라고 칭하지 아니하고 다른 존경어로 칭한 데는 이유가 있습니다. 예수께서 30년간 가정에서 모친에게 효도하면서 섬기는 동안 인자의 본분을 다하는 때였습니다. 그러나 3년간의 생애에 들어서서는 일개 가정의 사람이 아니요, 천국 건설의 주시요, 십자가에서는 더욱 그러합니다.

마리아에 대하여 아들로서의 예수인 친아들 관계보다 성 마리아에 대한 구주로서의 예수인 주인과 종의 관계이기 때문에 여인이라고 칭한 것입니다. 또한 성경에 "여자의 후손"(창세기 3:15)이라는 칭호를 입증하심도 되는 것입니다.

둘째, 성 마리아에게 야고보나 유대 같은 다른 친아들이 있었거늘, 어찌 요한에게 그 모친의 봉양을 부탁하였느냐 하고 의심하는 자가 있습니다. 이 일로써 마리아는 예수 외에 자녀가 없다는 로마교의 마리아 영정설, 즉 성모 마리아는 영원히 처녀라는 로마 가톨릭의 주장이 입증되는 것도 아닙니다.

교회학교 성경교사인 한 사람이 몇 년 전에 모 신학 잡지에 쓰기를 "예수가 빵 문제를 위하여 모친의 봉양을 요한에게 의탁하였다"고 기독교 경제 문제를 운운한 일이 있습니다. 그러나, 이는 성의와 진리에 너무 어긋나는 이설異說이려니와 근래 조선 교회에는 그릇된 학설이나 이론을 말하고 주장하는 사람이 적지 않습니다.

대개 효양이라 함은 육체를 봉양함에만 있는 것이 아니라, 첫째는 맘과 몸을 안락하게 함에 있다는 것은 공자도 이른 바입니다. 그리스도의 거룩한 의도는 모친 마리아의 신앙을 올바르고 좋은 길로 이끄는 데에 있습니다.

이때 주의 동생들은 이 장소에 오지도 아니하였고, 또한 왔다 할지라도 아직 복음신앙에 들어가지 아니할 때였습니다. 도道가 같지 않으면 육체를 돌볼 수 있을는지 모르거니와 정신의 안전을 줄 수도 없고, 더욱 신앙에 손해가 있을지언정 유익함이 없을 것입니다.

그러므로 예수께서 모친의 봉양을 사랑하는 제자인 요한에게 부탁하여 말했습니다.

"보라, 너의 어머니시니라."

인자의 의를 다 하고 구주의 도를 완전케 함이 이에서 더함이 있겠습니까!

기독교와 효행

유학을 공부하는 한 선비가 저에게 질문하여 말하되, 그리스도교는 하늘을 섬기는 데는 지극한 점이 있으나 부모에게 효를 하는 길에서는 부족한 점이 있다고 하였습니다. 이는 그 유학자의 질문뿐 아니라 교회 내에도 이렇게 생각하는 자가 있고, 부모 효양에 소홀한 자가 적지 않다고 하는 것은 오류가 심한 자입니다.

대저 유교는 입교立敎(가르침이나 종교를 세우는 것)의 본本을 효에 두는 '인륜의 종교'입니다. 또한 인간 본위의 윤리의 근저는 효에서 시작하는 것이나, 우리 기독교는 신 본위의 종교입니다. 그래서 마음과 뜻과 성품을 다하여 하나님을 사랑하라는 신과 인간의 윤리를 본으로 하고 '다른 사람을 내 몸과 같이 사랑하라'는 사람과 사람의 윤리를 마지막으로 하는 것입니다. 그러므로 유교 또는 인간의 도덕은 효를 본으로 삼으나, 예수교의 십계는 제1, 2, 3, 4계명에 하나님을 공경하며 섬김으로써 으뜸 계명으로 삼고, 제5계명에서부터 제10계명까지 사람으로서 마땅히 지켜야 할 도리를 가르쳐 그 시작인 다섯 번째 계명에서 효를 명하였습니다.

그러므로 세상에서 소위 도덕을 말할 때 효부터 말함은 본을 잃은 것이요, 하나님께 봉사하고 부모에게 효행하는 기독교 윤리는 본말을 완전케 한 것입니다.

그러면 하나님을 사랑하는 기독교인으로서 효를 행하지 않을 자 없고, 효를 행하지 않는 자를 그리스도인이라고 하기 어렵습니다. 효행이 삼년상을 치르고 무덤을 지키는 따위의 일뿐이라면 모르거니와 효행이란 '다른 사람을 내 몸과 같이 사랑하라'는 제2계명의 본입니다. 혈육의 부모를 사랑하지 못하는 자가 타인을 사랑할 수 없으니 불효하는 사람은 벌써 사람을 사랑하라는 계명을 범한 자요, 제2계명을 범한 자가 하나님을 사랑한다고 할 수 없는 것입니다.

이처럼 효행은 우리 기독교의 소중한 바이거늘, 근대 청년 교인 중에는 서양인을 본받아 남녀 간의 사랑을 고조하면서 부모를 사랑치 아니하여 불효의 죄를 감행하는 자가 왕왕 있습니다. 이들은 그릇된 사람입니다.

이러한 자는 우리 주님의 지극한 효에 감동하고 회개해야 합니다. 저도 연세의 더함을 따라 효를 다하지 못하는 것에 대한 회한을 금하기 어렵습니다. 이는 "수욕정 이풍불식樹欲靜而風不息하고 자욕양이친부재子欲養而親不在"라는 옛사람의 탄식과 같습니다. 이 말은 나무는 고요하고자 하나 바람이 쉬지를 않고, 자식은 부모님을 봉양하고자 하나 이미 부모님이 계시지 않는다는 것을 의미합니다. 저는 예수에게 효를 배웠으나, 양친이 이미 있지 않으니 뉘우쳐 탄식하는 것만이 남았습니다. 청년 남녀는 때를 잃지 말고 부모에게 효행하기를 노력하여 힘써서 후회가 없어야 하겠습니다.

우리 주님은 집에서 사시는 30년 동안, 12세부터 18년간 모친에 순종하고 정성을 다함으로써 봉양하시고, 천국 일로 겨우 3년간 출가하셨습니다. 이제 구원의 큰길을 이루시며, 가장 극심한 고난 중에도 모친에게 효의 의를 다하신 것입니다. 예수께서 당신의 피로써 부모를 사랑하는 도리를 다하였거늘, 누가 예수교를 가리켜 효의 교훈이 부족하다 합니까? 어떤 신자가 십자가를 신봉하면서 부모에게 효도하는 것이 소홀합니까? 이 점에 대하여 청년 신자들이 특히 결심하기를 바랍니다.

예수께서 십자가 위에서 무리를 위하여서는 용서하시는 크신 자비의 기도를 하사 아주 오랫동안 모든 사람의 살길을 트시고, 강도를 향하여 죄악을 대속하시는 공덕功德의 대의를 선포하사 매우 흉악한 죄인에게 낙원의 문을 여셨습니다. 이제 모친을 향하여서는 구주이면서도 오히려 인자의 의를 중히 여기사 부모는 자애롭게 자녀를 사랑하고, 자녀는 부모에게 효도를 다한다는 인륜의 떳떳하고 변하지 않는 도리의 큰 법을 만대에 친히 베푸시어 인생의 모범을 우리에게 주셨습니다.

"엘리 엘리 라마 사박다니"

> 제구시에 예수께서 크게 소리 지르시되 엘리 엘리 라마 사박다니 하시니
> 이를 번역하면 나의 하나님, 나의 하나님 어찌하여 나를 버리셨나이까 하는 뜻이라
> (마가복음 15:34)

사람과 아버지께 버림을 당하신 주님

주께서는 십자가 위에서 불의와 비교할 수 없을 만큼 잔인하고 난폭한 사람들을 위하여 용서의 기도를 아버지 하나님께 올리시고, 지극히 흉악한 강도에게 낙원의 구원을 허락하시고, 어머니에게 효를 다하사 위로하셨습니다. 이는 사람을 위하여 행하신 세 가지 큰 사랑입니다. 이처럼 예수의 전 생애의 사명인 용서와 구원과 효도의 세 가지 큰일을 십자가에서 집약해 보여 주신 것입니다.

십자가 위에서 세계를 내려다보시면 수천수만의 죄인이요, 옆으로 돌아보면 흉악한 강도가 있고, 십자가 가까운 곳

에는 여자 제자들과 우시는 어머님이 서 계신 것입니다. 십자가 좌우와 아래 있는 사람들을 향하여는 주님이 하신 일을 마치려 하셨고, 이제는 아버지와 당신의 관계에 대하여 하실 일이 있으셨습니다. 주님은 십자가 아래의 죄인들을 대신하여 십자가 위쪽에 계신 하나님을 향하여 기도하셨습니다.

예수의 호흡은 점점 괴로워 가슴은 화로같이 뜨겁고, 거룩하신 몸은 소진하려는 것같이 닳고, 몸을 펴면 펼수록 못 박힌 자리가 결리고, 근육의 힘이 풀리면 풀릴수록 수족의 상처가 찢어지는 것입니다. 신열 때문에 일어나는 갈증과 심장에 피가 뭉쳐서 터질 것 같은 고통, 그리고 동맥의 경화와 근육의 경직과 현기증과 두통 등의 고통은 실로 사물의 상태를 말로 표현하기 어려운 것입니다. 네 군데의 상처에서 흐르는 피는 못 머리 부분에 물들고, 몸이 경련할 때마다 분출하는 선혈鮮血은 점점 십자가 기둥에 흘러 땅 위에 떨어졌습니다.

주님의 고통은 시시각각으로 갑작스레 늘어나 매우 안타깝게 최후의 고통을 견디고 계셨습니다. 더욱 괴로운 것은 모든 사람이 그를 아주 버리는 것이었습니다.

이제 주님의 주위에 남아 있는 자들은 누구입니까? 예복을 펄럭이며 다니는 교만하고 간사한 제사장과 거짓말과 허식虛飾을 생각해 내는 학자들이 남아 있고, 가난한 자의 노고와 처녀의 아름다움과 노예의 땀을 매매하는 간사한 무리와 무뢰한 폭도들과 강포한 로마 병정들이 그를 에워싸고 욕하고 조소합니다. 그리고 몇 여인을 제외하고는 예수께 병 고침을 받은 자나 떡 얻어먹은 자나 그에게 사랑을 받은 가난한 자나 축복받은 아이들도 다 그를 버렸고, 그에게 삼 년이나 배우고 사랑을 받은 제자의 무리도 그를 버리고 가 버렸습니다.

수백 수천의 원수가 그를 해하고, 천만 사람들이 그를 버릴지라도 하나님 아버지만 함께 계시면 그에게 무슨 괴로움이 있겠습니까? "보라 너희가 다 각각 제 곳으로 흩어지고 나를 혼자 둘 때가 오나니 벌써 왔도다 그러나 내가 혼자 있는 것이 아니라 아버지께서 나와 함께 계시느니라"(요한복음 16:32) 하신 주님이 이제 천부에게 버림을 당하신다면 지극히 아프고 괴로운 것이 얼마나 심하겠습니까! 하나님의 아들 예수의 극심한 고통이 극도에 이르렀을 때 해가 빛을 잃고, 지면이 어두워졌습니다. 이에 주님은 큰소리로 외치셨습니다.

"엘리 엘리 라마 사박다니!"

시詩와 예언

"엘리 엘리 라마 사박다니"는 아람 방언인 주님의 음성을 그대로 기록해 전하여 가장 크고 절박하며 깊은 음운을 나타냈습니다. 이는 가상칠언 중에 네 번째 말씀, 곧 중심이 되는 말씀입니다. 시편 22편 1절의 말씀은 의인인 성자가 고난을 만날 때에 호소하는 기도인데, 시편 71편 10-12절과 시편 69편과 상통하여 메시아 수난의 예언을 말해줍니다. 이 말씀은 네 가지의 의미를 담고 있습니다.

첫째, 이 말씀에 원망하고 비난하는 의미가 물론 없는 것이요, 이는 극한 고통의 찬양이며 더할 나위 없이 비참한 기도입니다. 신자가 극한 역경에서 비탄에 빠져 애통할 때 하나님이 우리를 버리시고 떠난 슬픔을 경험하는 것이니, 대성지성[1]의 제사장 되신 예수께서 이로써 우리의 약한 성질과 결점을 이해하며 불쌍히 여기실 수 있습니다. 결코 예수께서 하나님 아버지를 의뢰하는 심지를 상실한 것이 아님은 '엘리 엘리'의 두 구절에 나타납니다.

둘째, 이 말씀은 당신에 대한 선지자들의 예언을 성취하게 하신 것입니다.

셋째, 이 말씀은 극한 고난의 표현입니다. 정신상 고뇌가 육체상 고난보다 더욱 극심한 최고조에 달한 것입니다. 살몬트[2]라는 외국 주석가는 이렇게 말했습니다.

---

1 슬기와 덕행이 지극한 성인. 원래는 공자를 일컫는 말이나 여기서는 예수를 묘사하는 표현으로 쓰였다.
2 외국 주석가인 듯하나 누구인지는 구체적으로 알기 어렵다.

"이것은 일시 '신과 교통交通하는 정'의 의의를 잃어버린 사람의 절규이다. 철저히 암흑 속에서 신앙을 열렬히 구하며 신에게 신뢰하면서, 지금까지 한 번도 있어 본 적이 없는 경험으로 번민하여 무죄를 의식하는 절규라 하겠다. 따라서 교통할 때의 환희를 일시 빼앗고, 아버지와 소통하지 못하는 절규라 하겠다. 이야말로 그 깊은 속이나 바닥에 도달할 수 없는 심각한 경험이며, 인간과 그 죄, 신과 그 은총에 대하여 우리와 특수한 관계에 선 자만이 할 수 있는 경험의 기록이다."

살몬트의 말을 빌리지 않고도 우리 신자는 예수의 고난이 바로 이 고난임을 알 수 있습니다. 생각건대 시편 22편의 작자라도 시의 영적 생각이 주의 고난의 근본을 엿보기는 어려울 것입니다.

우주적 사망과 인류의 죄악을 대신하여

넷째, 이 말씀의 뜻에는 죄인의 형벌과 그 고통과 사망을 대신하여 받는 대속의 참 의미가 나타났습니다. 러시아의 톨스토이나 기타 속죄의 신앙이 없는 그리스도 전기傳記 연구자들이 말하기를 예수의 전 생애는 큰 용기로서 일관하였으나, 십자가에서 "엘리 엘리 라마 사박다니"의 이 한마디 말씀만이 약점이요 실망이라고 합니다.

속죄의 경험에 무식한 사람들은 그렇게 말할 것입니다. 칠십 넘은 소크라테스는 최후의 독배를 마시고도 오히려 차분하고 침착하였으며, 단종端宗의 신하 성삼문[3]은 화형에 죽으면서도 그 의가 배가倍加하였던 것입니다. 많은 순교자들도 죽음에는 대개 대담하였거늘, 예수께서 십자가에서 슬퍼하며 탄식하신 것은 약점이라고 합니다. 그러나 사람들은 의인열사義人烈士의 죽음을 보았고, 구세주의 '다른 죄인의 죄를 대신하여 죽으심'을 알지 못하여 무지의 논란을 감히 벌인 것입니다.

예수의 죽으심은 예수 일개인의 죽음이 아니라 만인의 죄인의 죽음을 모두 경험하는 전 인류 사망의 총체의 고통이신 것이니, 한 몸에 수많은 사람의 죽음을 감당하심으로 사망의 전 세력을 모두 대신하는 우주적인 사망입니다.

또한 성자 예수께서 시험을 받았으되 죄는 없으신 자로 만인의 죄를 담당하사, 실상의 죄인이 되시는 때에 고통을 대신 받으신 것입니다. 우리 신자들이 패역무도한 사람들과 이웃하여 거주하다 보면, 충분히 남의 악에서 내 몸의 고통을 느낍니다. 그렇다면 그 모든 악을 담당하시는 예수의 고통은 어

---

[3] 1418-1456. 조선의 문인으로 사육신 중 한 명. 조선 제6대 왕 단종이 숙부인 수양대군에게 폐위되자 단종의 복위를 시도하다가 실패하여 처형되었다.

떠할까요?

저는 한번 어떤 청년이 반-기독운동을 일으켜 성탄절에 예배당을 훼손하고 아이를 다치게 했다는 편지를 받고 떨었습니다. 그 청년이 저에게 교육받은 자이기 때문에 그가 죄를 지은 것이 곧 제가 잘못 교육한 결과가 아닌가 하는 책임감에서 떨었던 것입니다. 사람들은 자기의 자녀가 범죄할 때에 그것이 곧 자기의 죄라는 책임감에서 무거운 고통을 경험할 수 있습니다.

예수께서 죄를 대속하신다 함은 우리가 경험하는 책임감에 그치는 것이 아니라, 실지로 그 죄와 벌을 건네받으시는 것입니다. 어떤 짐꾼의 수고가 전부 나의 몸에 짐지우는 것과 같이, 예수께서 인간의 죄악을 인수引受하신다 함은 자못 정신상의 관념 작용도 아니요, 한갓 법리상 논리도 아니라 죄업의 무거운 짐이 실제로 예수에게 인도되는 것입니다. 그가 간음한 여인을 용서한다는 의미와는 전혀 다른 것이니, 그가 친히 그 더러운 죄벌을 자기 몸에 인수하시고, 그 뒤에 사하신 것입니다. "네 죄를 사하노니, 상牀을 메고 돌아가라" 하는 말이야 누가 못하리오마는, 예수님은 그 죄를 인수하시고 "안심하라" 하신 것입니다.

예수께서는 십자가에서 일만 원수를 위하여 용서의 기도

를 하셨습니까? 이는 불의하고 도를 모르는 원수가 저지른, 하나님을 모독한 죄를 당신이 인수하시고 아버지에게 올리는 기도였습니다. 그럼 예수께서 지극히 흉악한 강도에게 낙원을 허락하셨습니까? 이는 그 강도의 흉악한 죄와 벌을 당신의 십자가로 넘겨 오시고 허락하시는 말씀입니다.

그러므로 십자가에서 죽으신 예수는 성자가 아니라, 하나님의 아들을 살해한 원수의 죄를 인수한 죄인의 실상이요, 강도의 죄를 넘겨받은 강도의 실상입니다. 그러므로 "자기 아들을 죄 있는 육신의 모양으로 보내어 죄를 없애시려고 육신에 죄를 정하사"라고 바울이 로마 사람에게 가르쳐 보여 주었습니다. 그리고 예수께서 친히 소원을 선언하시되, "인자가 온 것은 섬김을 받으려 함이 아니라 도리어 섬기려 하고 자기 목숨을 많은 사람의 대속물로 주려 함이니라"고 하셨습니다(마태복음 20:28).

만대의 죄의 총중량은 우주의 인력도 오히려 감당치 못할 것이요, 만대의 죄에 대한 총형벌은 세상이 파멸할 때 일어난다는 큰불도 오히려 부족하거든, 십자가 위에서 예수는 이 죄악의 총실체를 한 몸에 걸머지신 것이니, 그 큰 고통은 사람의 두뇌로 헤아리지 못할 바입니다. 음녀와 강도를 용납하지 않으시고 살인자와 신을 모독한 자를 버리시는 의義의 하나님은 이 모든 죄인의 실상인 예수를 버리지 않을 수 없으니, 예수께서는 아버지께 버림을 받아 "라마 사박다니" 하고 절규하지 않을 수 없는 것입니다. 그런데 예수는 십자가에서 사망의 총체와 죄악의 총량을 걸머지시고, 사망과 죄로 말미암아 아버지에게 버림을 받으시는 우주적 고통으로서 "엘리 엘리 라마 사박다니"라고 크게 부르며 탄식하시는 영찬詠讚과 기도를 발하시는 것입니다.

우주적 사망을 걸머지시고 외치는 엘리 엘리의 소리가 하늘에, 하늘에 사무칠 때 예수의 핏방울이 땅 위에 떨어짐이여! 대지도 이것을 감당하지 못하여 지축이 흔들리나니, 그래서 땅이 흔들리고 지진이 일어나지 않을 수 없었으며, 전 인류의 죄악을 대신하여 외치는 "라마 사박다니" 소리는 우주를 흔듦이여! 우주의 억만 별이 빛을 잃지 않을 수 없음이여! 환히 밝은 낮이 어둡고 캄캄하게 변했습니다.

오! "엘리 엘리 라마 사박다니!"

"내가 목마르다"

> 그 후에 예수께서 모든 일이 이미 이루어진 줄 아시고
> 성경을 응하게 하려 하사 이르시되 내가 목마르다 하시니
> (요한복음 19:28)

예수께서 "엘리 엘리 라마 사박다니"라고 절규하시기까지 인류의 대죄를 걸머지시고, 속죄의 대업을 성취하심으로써 천부에게 버림받은 것 같은 영적 비상한 고통을 맛보실 때, 12시부터 오후 3시경까지 해가 빛을 잃고 대지가 어두워졌습니다. 오후 3시경부터 사명을 다하심을 깨달으시고 "내가 목마르다"고 하셨습니다. 이것은 두렵고 놀랄만한 영적 고통을 조우遭遇하시는 동안에 육체상 고통을 느끼지 못하시다가, 영적 고통을 마치시고 갑자기 육체의 고통도 느끼시게 된 것입니다.

보통 십자가에 못 박히는 자는 발열이 심하여 목구멍이 마르는 것은 비상한 고통이라 합니다. 그래서 예수를 지키던 병

졸이 동정심으로 해융에 초를 찍어 우슬초에 묶어 예수의 입에 대었습니다. 우슬초는 잎이 길지 아니한 약 60㎝ 되는 것입니다. 예수의 십자가도 그렇게 높지 않았습니다. 초는 식초 맛이 나는 포도주로 열등한 음료요, 가장 저렴했습니다. 그러므로 초를 마시게 하는 것은 경멸의 표시도 되는 것입니다.

"저희가 쓸개를 먹을 것으로 내게 주고, 내가 목마를 때에 초를 마시운다"(시편 69:21)는 수난의 예언은 성취되었습니다. 마태복음 27장 34절에는 "초에 쓸개를 섞어서 예수에게 주어 마시게 하려 하였더니 예수가 맛보시고 마시지 아니하였다"고 전하였습니다. 쓸개를 섞은 포도주를 마시게 하는 것은 십자가의 고통을 망각하게 하는 것이므로, 예수는 고통을 피하지 아니하시고 충분히 수난당하실 각오로 그것을 마시지 아니하셨습니다.

보통 생각하기를 목마른 것은 그렇게 큰 고통인 줄 알지 못합니다. 그러나 출혈과 발열한 뒤에 목마른 고통은 여간 큰 고통이 아닙니다. 전장에 부상한 군사들이 가장 부르짖는 소리가 "아이고, 목 마르다"라는 통성이라 합니다.

제가 몇 년 전에 대수술을 경험하고 물을 마시지 아니하여 목마름의 고통이 얼마나 무서운 것인가를 경험해 보았습니다. 저는 그때 주님의 목마르심을 기억하였습니다. 열린 무덤과 같은 우리의 목구멍이 갈증의 고통을 겪을 것을 주님께서 대신하시고, 무덤과 같은 우리의 창자가 갈증의 고통에 타야 할 것을 주께서 대신하신 것입니다.

예수께서 수난당하실 때 열두 번 육체의 고통을 받으셨습니다.

제1은 겟세마네 동산에서 흘리신 피땀입니다. 모공으로 피땀이 유출한 것은 역사상에 다시없는 고통입니다. 제2는 주무시지 못함이요, 제3은 결박당하심이요, 제4는 채찍에 맞으심이니, 주님의 거룩한 몸은 군데군데 채찍 끝에 상하셨습니다. 제5는 다섯 차례나 심문받으심이니, 아나스, 가야바 빌라도, 헤롯, 빌라도에게 열두 시간 내에 다섯 차례나 심문을 받으심은 큰 고통이었습니다. 저도 감옥에서 지내본바 법관에게 심문받는다는 것은 큰 고통 중 하나입니다. 제6은 가시관을 쓰심이요, 제7은 희롱을 받음이요, 제8은 자기의 십자가를 지고 골고다로 나가심이니, 예수께서 넘어지기까지 괴로우셨습니다. 제9는 옷을 벗김이요, 제10은 십자가에 달리심이요, 제11은 목마름이요, 제12는 쓸개를 마시게 한 것이었습니다.

현대의 신자는 너무도 평안하지 않습니까?

기억하십시오. 주께서 우리를 구속하시고자 하시어, 영적인 고통은 물론 육체상으로 이렇듯 비상한 고통을 겪으신 것입니다.

"내가 목마르다!"

이는 주께서 겪으신 허다한 고난에 대한 마지막 말씀이십니다. 주께서 목마르시어, 우리로 하여금 영원히 생명수를 마시게 하셨습니다.

"다 이루었다"

> 예수께서 신 포도주를 받으신 후에 이르시되
> 다 이루었다 하시고 머리를 숙이니 영혼이 떠나가시니라
> (요한복음 19:30)

예수께서 십자가에서 매우 심한 고통을 겪으시고, "다 이루었다"고 선언하셨습니다.

이는 인류 구원의 완성이요, 이는 우주의 완성이요, 이는 사랑의 완성입니다.

태초에 하나님이 천지를 창조하시고 만물을 조성하실 때, 인생이 우주에서 최고의 실현입니다. 그러나 인생이 죄와 마귀와 죽음의 권세 아래 있는 동안은 불완전한 인간이요, 인간이 불완전하여 우주는 아직 완성되지 못한 것입니다.

이제 주께서 십자가로써 인류 구원의 큰길을 완성하셔서 우주는 완성되는 것이요, 구원의 도道와 우주가 완성하여서

하나님의 사랑이 완성되는 것입니다.

우리는 십자가를 보아 우주의 중심을 보는 것이요, 십자가를 믿어 구원의 확실한 효력을 얻는 것이요, 십자가를 보아 사랑의 절정을 본 것입니다.

십자가 이전의 모든 것은 십자가를 향하여 진전하였고, 십자가 이후의 모든 것은 십자가에서 시작해서 새로 진전하는 것입니다. 알파에서 십자가까지요, 십자가에서 오메가까지입니다.

모든 것의 중심도 십자가요, 알파와 오메가의 중심도 십자가요, 모든 것의 완성도 십자가요, 알파와 오메가의 완성도 십자가입니다.

"다 이루었다!"

우주도, 구원도, 사랑도 다 이루었습니다. 모든 것의 모든 것이 다 이루어졌습니다.

"아버지여! 나의 영혼을 아버지의 손에 부탁하나이다"

> 예수께서 큰 소리로 불러 이르시되
> 아버지 내 영혼을 아버지 손에 부탁하나이다 하고
> 이 말씀을 하신 후 숨지시니라(누가복음 23:46)

"진리의 하나님 여호와여! 나를 구속하셨으니, 내 영혼을 주의 손에 부탁하나이다"(시편 31:5) 하는 시의 예언은 주님의 최후의 성언聖言으로 성취되었습니다.

예수께서 영혼을 부탁하셨다 함에 대하여 예수의 영혼도 우리의 인성과 같은 영혼이라 하여 예수의 순인론純人論[1]을 주장하는 자가 있으나, 이는 오류에 빠진 자입니다. 예수는 인성으로의 육신과 영혼이 있는 완전한 인격이신 동시에, 완전한 신격神格의 주이십니다. 인격으로 수난당하시고, 인생으

---

[1] 예수는 그저 인간일 뿐이라는 이론이다.

로 그 혼을 부탁하시는 것입니다. 하나님의 형상인 사람이 범죄했기 때문에 하나님 밖에 죄를 사할 수 없는 것이요, 사람이 범죄했기 때문에 인자人子밖에 대속할 수 없는 것입니다.

아담에게 유대인과 이방인의 피가 겸兼하였고, 남성과 여성이 겸하였습니다. 그리하여 첫 아담이 남녀의 원인原人이 되는 첫 사람이요, 유대인과 이방인의 시조인 것처럼, 둘째 아담이신 예수도 혈통으로 보아 룻과 라합 같은 이방 할머니가 있은즉, 이방과 유대인의 구주이시요, 예수께서는 자녀를 출산하지 않은 순정純貞한 사람이시니, 예수는 남녀 양성이 모두 갖추신 인격이십니다. 그러므로 남자와 여자의 구주로 되시기에 합당합니다. 이방인과 유대인, 남자와 여자, 곧 전 인류의 구주이신 예수는 완전한 인격으로서 그 영혼을 아버지의 손에 부탁하신 것입니다.

"아버지여, 저 무리를 용서 하시옵소서"
"네가 오늘 나와 함께 낙원에 있으리라"
"여인이여, 보시옵서"
"엘리 라마 사박다니"
"내가 목마르다"
"다 이루었다"

"아버지여, 내 영혼을 아버지의 손에 부탁하나이다"

이런 일곱 가지의 거룩한 말씀을 남기시고 주님은 사람으로서의 최후를 마치셨습니다.

인자는 죽었습니다. 사람들이 원하던 대로, 당신이 작정하신 대로, 아버지가 허락하신 대로 십자가에서 죽음의 고통을 마치셨습니다. 예수는 최후까지 모든 죄인을 대속하여 죽으셨습니다. 형제자매는 십자가를 우러러 사모하고, 귀를 기울여 주님이 남긴 일곱 마디의 말씀을 들으십시오. 이는 해방의 절규, 구원의 복음, 승리의 포고, 완성의 선언입니다.

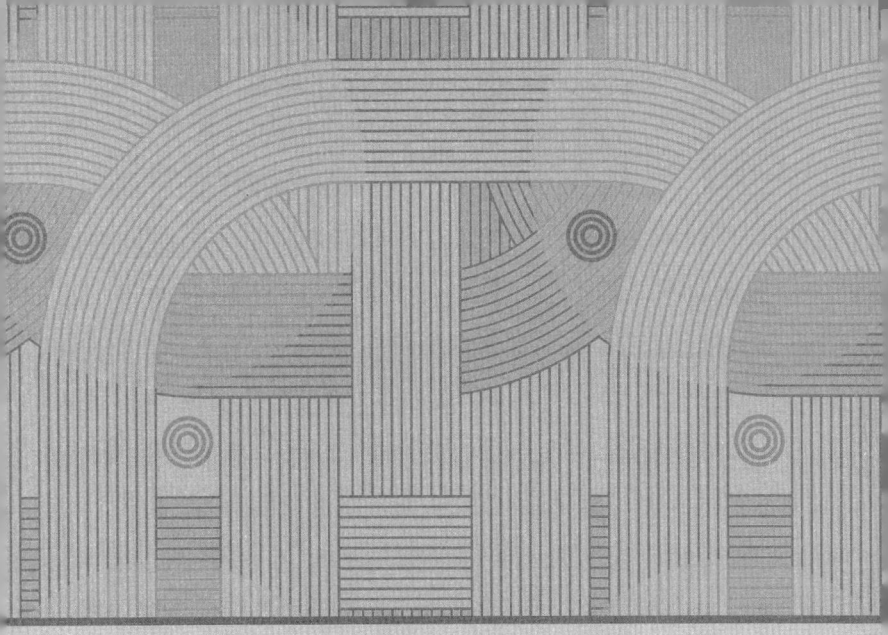

2장

가치와 사랑

가장 귀한 생명

> 영생은 곧 유일하신 참 하나님과 그가 보내신 자
> 예수 그리스도를 아는 것이니이다
>
> (요한복음 17:3)

끝없이 넓은 우주에 모든 동물이 생生을 좋아하고 사死를 싫어하는 것은 천연의 본성이며, 생의 본능입니다. 그리하여 생명 있는 모든 동물은 '생'에 기뻐하고 '사'에 슬퍼하는 것입니다. 저는 이제 이 생명에 대한 세 가지 뜻을 설명하려 합니다.

생명의 가치

1. 생명은 세계를 경이케 함

몇 해 전에 어떤 상업을 경영하는 교우의 집을 방문한 일이 있습니다. 제가 그 상점 문전에 도착하자마자 안에서 크게 웃는 소리가 들려 나왔습니다. 상점에 들어가 보니, 상인 대여섯 사람이 둘러앉아서 크게 웃으며 이야기를 나누고 있었습니다. 제가 웃는 이유를 물어보자 그중에 한 사람이 곁에 앉은 다른 사람을 가리키며 "이 사람이 상업을 하는데, 최근 며칠 동안에 무슨 물건을 사서 판매하다가 수만 원의 손해를 봤다. 그 과정에서 너무도 우스운 일이 있어서 이와 같이 웃는다"고 했습니다. 그 수만 원을 손해 봤다는 사람도 얼굴에 근심의 빛이 없이, 크게 웃고 있었습니다. 저는 속으로 '무슨 물건을 사서 어떻게 판매했는지, 또 그중에 어떤 우스운 일이 숨어 있는지는 모르나 적어도 수만 원이라는 막대한 금액을 손해봤음에도 불구하고 도리어 웃고 이야기하며 화락和樂을 나누다니, 금전의 가치가 그와 같이 없는가' 하고 생각했습니다.

그 자리를 일어나서 윗거리 어느 동네 입구에 도달하니 30-40명이나 되는 사람들이 둘러서서 얼굴을 찌푸리고 머리를 흔들며 몹시 놀라 얼굴빛이 하얗게 질린 모양이었습니다. 나는 이상히 여겨 무슨 큰 놀라운 일이 있는가 하여 물어보니 그중에 한 사람이 제 손목을 이끌고 전차궤도電車軌道로 향하였습니다. 그 곁에 가자, 사람의 피비린내가 코를 찌르며, 흥건해진 사람의 피가 궤도와 티끌을 적셨습니다. 제가 매우 놀라 어찌 된 일이냐고 묻자 "어떤 노동자가 술에 많이 취해 전차가 지나갈 때 궤도를 건너다가 전차에 치여 온몸이 상하여

2장_가치와 사랑 **69**

이와 같이 피를 흘린 것인데, 아마도 그 사람은 죽었을 것"이라고 하였습니다.

저는 그때 사람의 생명이라는 것이 얼마나 귀중한 것인지를 크게 느꼈습니다. 조금 전에는 모든 사람이 가장 귀히 여기는 금전 수만 원을 잃어버리고도 담소의 마당을 이루었는데, 지금 이 노동자 한 사람이 횡사한 데 대하여는 30-40명이 그 생명을 위하여 슬퍼하며 안타까워하니 이 생명의 가치야말로 천하를 가히 움직일 만한 것이었습니다. 천하뿐만 아니라 천상천하를 놀라게 할 만한 능력이 있는 것이었습니다.

20여 년 전 유럽 대전쟁(1914-1918년에 있었던 1차 세계대전) 당시에 세계에서 수천억 원의 재산이 연기로 변하고 바닷속으로 침몰했습니다. 이로 말미암아 세계는 경제공황을 당하게 되고, 전 인류는 생활의 곤란을 당하게 되었습니다. 이것은 물론 큰일입니다. 그러나 세계 인류를 놀라게 할 만한 가치는 없다고 생각합니다. 전쟁 당시에 2,500만 명의 피로 유럽 강산을 물들여 놓은 그 사실에 세계 인류가 놀라지 않을 자가 없을 것이요, 하늘에 있는 천천만만의 천사들과 하나님께서 이 유럽 강산을 굽어보실 때 반드시 매우 놀라셨을 것입니다.

이것은 저의 이론이 아닙니다. 누가복음 15장 7절에 말씀하시기를 "죄인 하나가 회개함으로 하늘에서 기뻐하기를 회개할 것 없는 의인 아흔아홉 명보다 하늘에서 더욱 기뻐하신다" 하였으니, 2,500만 명의 피 흘린 것을 보신 하늘에서 어찌 놀라지 아니하셨겠습니까?

2. 생명은 절대의 가치를 가짐

우리 주께서 "한 사람 생명의 가치가 온 세계를 초월한다"고 말씀하셨습니다. "네가 만일 온 천하의 이익을 얻고도 네 생명을 잃으면 무슨 유익이 있으리오?"(마가복음 8:30) 하신 말씀은 이 세계를 다 얻을지라도 생명만 못하다 하신 말씀입니다.

3. 생명은 최고의 지위를 점령함

조선 격언에 "죽은 정승이 산 강아지만 못하다"고 한 말은 정승이라도 죽고 나면 가치가 없고, 강아지라도 생명이 있으면 가치가 있다는 말입니다.

현대 온 세계가 황금을 놓고 경쟁하는 것도 이 생명을 위함이요, 세력이나 경제를 경쟁하고 과학이나 지식을 경쟁하고 육·해군을 경쟁하는 것이 모두 이 생명을 위함입니다. 도덕을 수양하고 땀을 흘리고 괴로움을 맛보는 것도 이 생명을 위함입니다. 어떠한 민족이 국가를 건설하며 나라의 영토를 확장하는 것도 내 민족의 생명을 보존코자 함이며, 나라마다 항공대를 확장하고 잠수함을 제조하며 강철 대포를 건축하며 살인광선殺人光線(레이저, 방사선 등을 이용하는 무기)을 발명함은 적의 생명을 해하여 내 민족의 생명을 보존코자 함입니다.

갑의 생명을 빼앗는 것은 '을'의 생명을 보존코자 함이요, '을'의 생명을 희생하는 것도 '갑'의 생명을 구원코자 함입니다. 예컨대 육축의 생명을 멸하는 것은 그 고기를 내가 먹고 내 생명을 보전하려는 목적이며, 그리스도께서 십자가 위에서 피를 흘려 자기의 생명을 희생한 것은 세계 만민의 생명을 구원하려 하심입니다. 그래서 위대한 것은 생명의 힘이며, 귀중한 것도 생명입니다.

생명의 근원

생명의 근원은 하나입니다. 요한복음 17장 3절에 말씀하시기를, "영생은 곧 이것이니, 홀로 하나이신 참 하나님을 아는 것이라" 하셨습니다. 골로새서 3장 3절에는 "대개 너희가 죽었으니 너희의 생명이 그리스도와 함께 하나님께 감추어 있다" 하십니다. 그런즉 생명의 근원은 곧 하나님이십니다.

예컨대 어떤 사람이 강변에 가서 그물을 던지고는 기다리고 앉았는데, 지나가는 나그네가 "무슨 일로 이곳에 그물을 던지고 기다리고 앉았느냐" 하고 물었습니다. 대답하기를 "강에 그물을 던지고 사과가 이 그물에 걸리기를 기다리고 앉았다" 하면, 그 사람은 정신병자라고 할 것입니다. 또 제가 "사과나무에 가서 잉어를 구한다" 하면, 사람들이 저를 정신질환자로 생각할 것입니다. 사과를 구하려면 사과나무에 가서 찾아야 할 것이며, 잉어를 얻으려면 낚시나 그물을 강에 던지고 구할 것이 아닙니까? 그런즉, 생명을 구하려면 생명의 근원이 되는 하나님께 구해야 합니다.

수년 전에 제가 동아일보 2면을 읽다가 매우 놀란 일이 있습니다. 강서읍 경찰서에서 근무하는 모 순사가 소화불량으로 서장에게 휴가를 받았습니다. 그 순사는 아내와 12세 된 딸과 6세 된 아들을 데리고 강서산 약수터에 가서 약수를 먹었습니다. 그의 부인은 매일 두 시나 세 시에 일어나 고요한 밤에 약수로 나아가 작은 놋쇠 솥에 밥을 지어 가지고 '약수대감'이라 불리는 약수터 귀신 앞에 여러 향료 가루를 반죽해서 가늘고 길게 만든 만수향을 피워 놓고 정성껏 제사하며 기도하기를 "이 약수를 우리 남편과 아이들이 마시고 몸이 튼튼하여지고 장수하게 해 달라"고 하였습니다. 순사도 역시 자기 부인과 같이 약수터로 나가서 정성껏 빌었습니다.

그때는 여름이라 어린아이들이 누워 자는 방에 모기장을

쳐 주고 앞뒤로 방문을 열어 놓고 윗방에는 촛대에 촛불을 켜 놓고 나갔습니다. 그런데 바람이 앞문으로 들어와 뒤로 나갈 때 모기장이 바람에 날아가더니 윗방 촛대에 접촉되었고, 모기장에 불이 붙어 온 집이 화재를 당했습니다.

그때 순사 부부는 약수터에서 제사를 정성껏 하다가 문득 불이 난 것을 알리는 종소리에 놀라 돌아보니, 자기 집에 불이 붙은 것을 발견하였습니다. 달려가서 본즉, 자기들의 아들과 딸은 불 가운데서 나오지 못하고 타서 죽고 말았습니다. 그 부부는 그 자리에 고개를 떨구고 대성통곡하여 일대 비극을 연출하였다는 기사를 읽었습니다.

제 생각에는 그때 그 부모 되는 자들이 소위 약수 귀신에게 복을 빌지 않았다면, 자기네의 사랑하는 자녀들이 죽지 않았을 것입니다. 그들은 생명을 구할 데 구하지 않고 헛되이 구하였으며 생명의 근원이 어디 있는지 몰랐으므로 그와 같이 재앙을 당한 것입니다.

생명을 얻을 방침

본문을 보니 "영생은 곧 이것이니 홀로 하나이신 참 하나님을 아옵고 또 보내신 자 예수 그리스도를 앎이니이다"고 하셨습니다. 그런즉, 하나님을 알고 예수 그리스도를 아는 것이 생명을 얻는 방침입니다. 우리는 각각 하나님과 예수 그리스도를 분명히 아는지, 혹은 모르는지 더듬어 생각해 보아야 하겠습니다.

제가 어떤 교회에서 세례문답을 할 때, 14세 된 소녀에게 문답을 한 일이 있습니다. 그때 저는 그 소녀에게 "예수는 누구뇨?" 하고 물었습니다. 그 아이는 "하나님의 아들이올시다"고 대답했습니다. "예수의 아버지는?" "하나님이올시다." "하나님의 아버지는?" 그 소녀는 한참을 생각하더니 "하나님의 아버지는 예수올시다" 하여, 모든 장로가 크게 웃은 일이 있습니다. 물론 이 소녀는 하나님을 잘 몰랐던 것입니다.

우리는 예수를 알아야 합니다. 이 예수를 아는 것이 생명을 얻는 방침이기 때문입니다. 어떤 교회에서 세례문답을 행할 때 한 노인이 참여하게 되었습니다. 그 노인의 며느리가 노인에게 세례문답을 가르쳐 줄 때 "예배당에 가서 세례문답을 하실 때, 제가 어머님에게 가르쳐 주는 대로 말씀하시면 잘 대답하실 수 있습니다"고 했습니다. 그러면서, "만일 목사가 묻기를 '예수께서 왜 죽었습니까?' 하면 '내 죄 때문에 죽었다'고 대답하시오" 하였습니다. 그 후에 당회 앞에서 세례문답을 행할 때 목사가 묻기를 "예수께서 왜 죽었습니까?" 하자, 그 노인의 대답이 "우리 며느리의 죄 때문에 죽었습니다"고 했습니다. 또 제가 어떤 남자에게 "예수가 왜 죽었습니까?" 물은즉 그 사람의 대답이 "나 같은 자를 위하여 기막혀 죽었습니다" 하여서 당회 일동이 크게 웃은 일이 있습니다. 이처럼 하나님을 아는 것이 분명치 못하고, 예수를 아는 것이 똑똑지 못한 자가 많습니다.

우리는 하나님을 알고 예수를 알아야만, 이 귀중한 생명을 얻을 것입니다. 그런즉 이 가장 귀한 생명을 얻은 자가 생활하는 곳이 어떤 곳입니까? 요한계시록 21장을 보면 '금은보석으로 화려하게 지은 새 예루살렘 시온성'입니다.

형제여, 이 귀중한 생명을 얻은 후에 영생을 누리시길 원합니다.

거룩한 산에서 주신 영적인 계시

마태복음 17장 1-8절

> 엿새 후에 예수께서 베드로와 야고보와 그 형제 요한을 데리시고
> 따로 높은 산에 올라가셨더니
> (마태복음 17:1)

서언

공관복음 기록에 의하면 예수께서 십자가의 고난을 받으시기 9개월 전, 곧 29년 여름에 가이사랴 빌립보에서 제자들에게 당신이 누구이신지 물으셨습니다. 이에 베드로가 "주는 그리스도시요, 살아계신 하나님의 아들이시니이다"고 하자 예수께서는 베드로가 입증한 신앙 위에 교회를 허락하셨습니다. 얼마 후에 베드로, 요한, 야고보 세 제자를 데리고 헐몬산에 올라 모양을 변화하시고 모세와 엘리야로 더불어 무슨 일을 의논하셨습니다. 변화하신 일이나 의논하신 일에 대하여

는 성경 해석자의 여러 가지 말이 많으나, 우리 사람으로서는 알지 못할 신비의 사실입니다.

그러나 우리가 알 수 있는 범위 안에서 말한다면, 예수께서 십자가의 고난을 받으실 것과 영광의 나라로 재림하실 일을 영적으로 계시하사 제자들에게 보여 주신 것이며, 엘리야와 모세와 더불어 서로 여기에 대해 의논했을 것으로 생각합니다. 후세대인 우리가 그 자세한 내용은 알지 못하나, 이 성산의 영적인 계시에서 배울 것이 많은 것은 분명합니다. 저는 이 사실에 의하여 그리스도와 두 선지자와 세 제자에 대하여 생각한 바를 설명하려고 합니다.

변화하신 그리스도에게 배울 것

첫째는 고난을 받으실 그리스도를 배울 것입니다. 예수께서 성산에서 변화하신 것은 분명히 앞이 임박한 십자가의 수난을 준비하시는 일이요, 또 제자들에게 준비시키시는 일입니다. 예수께서 우리를 위하여 주리시고 거처도 없으시고 곤고하시고 마침내 골고다에서 쓴잔을 마셨습니다. 신자된 우리도 마땅히 예수의 발자취를 따라가는 길에 핍박과 곤란이 있을 것입니다. 그러므로 베드로도 "그리스도가 너희를 위하여 고난을 받으사 너희에게 본을 끼쳐 그 자취를 따라오게 하신 것이라"(베드로전서 2:21) 하셨습니다.

그런데 오늘날 기독교인 중에는 그렇지 않은 자가 많아 자기의 명예나 행세나 사업에 편하면 교회에 출입하되, 조그만 환난이 이르면 실망하여 낙담하고 물러가는 자가 많습니다. 우리는 마땅히 이런 비겁한 자리를 떠나서 예수를 따라 십자가를 바라보고 나아가야 할 것입니다.

둘째는 영광의 나라로 재림하실 예수를 기다릴 것입니다. 예수께서 거룩한 산에서 영광을 나타내신 것은 영광의 재림을 의미하시는 것이요, 또한 제자들에게 이것을 실제로 계시하신 것입니다. 저의 신앙 경험과 성경을 연구하고 묵상한 것을 바탕으로 볼 때 주의 재림이 급박한 줄로 믿습니다.

예수의 재림 예고 중에 열 처녀 비유를 보건대, 지혜 있는 다섯 처녀는 신랑이 속히 올 줄 알고 준비하였으되, 미련한 다섯 처녀는 신랑이 더디 올 줄 알고 예비하지 않았다가 잔치에 참여하지 못했습니다. 이 성경만 보더라도 예수는 더디 오실 것이 아니니, 그의 신자는 항상 예비하고 기다려야 합니다.

그러하거늘 현대의 교인은 재림신앙이 심히 희미하다는 것보다도 재림을 꿈에도 생각치 못할 일로 여기는 신자가 많습니다. 오늘의 교회는 지혜로운 처녀입니까, 미련한 처녀입니까? 무슨 운동을 하느니, 무슨 사업을 하느니 하여 사회개량에 몰두하느라고 교회는 날마다 날마다 세속화되어 갑니다. 전도도 아니하고, 기도도 아니합니다. 아니, 전도나 기도는 도리어 점잖고 교양 있는 계층의 사람들에게 천시를 받는 중입니다. 이것이 예수의 재림을 믿는 교회의 상태입니까? 목사, 장로, 집사 여러분들이여! 오늘의 교회는 어디로 가고 있습니까? 조선 교회뿐 아니라 세계의 교회가 거의 미련한 처녀와 같이 졸고 있습니다. 교회가 줄든지 말든지, 재림하실 예수는 재림하실 것입니다.

세상에 나타나는 징조를 살펴보더라도 예사롭지 않은 일이 많이 있습니다. 예수께서 세상에 계실 때, 유대의 대제사장으로 가야바와 안나스 두 사람이 있었던 것은 유대의 대제사장 일인제一人制(한 사람을 세우는 제도)를 깨뜨린 것으로, 불법인 동시에 유대의 말기를 상징하는 것입니다. 이와 같이 세상에 그리스도도 두 분이 되면 이는 말세의 징조이니 하나는 참 그리스도 예수요, 하나는 적 그리스도일 것입니다. 누구를 적 그리스도라고 지목하지는 못하지만, 적그리스도 출현의 기미가 보입니다. 현재의 상황이 "유대의 많은 무리가 돌아오리라"는 이사야 60장의 예언에 적용되지 않는다고 누가 반대하겠습니까? 그런즉 신자들은 말씀으로 깊이 생각해 보든지, 시대의 징조를 살펴보든지 깨어 기도하면서 주님의 재림을 희망해야 할 때입니다.

성산에 나타난 두 선지자에 대하여 배울 것

모세와 엘리야는 요한계시록 11장에 기록된 주님의 재림 전 3년 반 동안[1]에 나타날 두 증인이라고 합니다. 모세는 전 유대의 중보자이므로 유대를 대표하고, 엘리야는 절반은 유대인이고 절반은 이방 사람인 북 이스라엘 왕국의 선지자이므로 이방을 대표하여 두 증인이 성산에 모인 것이라고 생각됩니다. 모세는 이미 죽은 사람이니 부활하여야 하겠고, 엘리야는 육신으로 승천한 사람이니 변화하여야 하므로 이 성산에 오신 것이라고도 생각할 수 있습니다.

1. 우리가 모세에게 배울 것이 두 가지이니 첫째로, 율법은 모세로 말미암아 나타났으니 모세는 곧 계명입니다. 모세가 유대인의 계명이 된 것같이, 우리는 불신자들의 계명이 되어야 합니다. 바울이 "너희는… 그리스도의 편지니"(고린도후서 3:3)라고 한 것은 우리가 불신자에게 모범이 될 만한 계명이 되어 그리스도를 증거할 것을 의미합니다.

오늘날의 교인은 과연 불신자의 계명이 되고 있습니까? 20년 전 평양에서는 방탕한 사람, 술 먹는 사람들까지도 예수

---

[1] 요한계시록 11장 3절에 기록된 일천이백육십 일을 말한다.

교인을 두려워하고 그 앞에서 부끄러워했습니다. 한번은 마을 수호 귀신에게 제사를 지내던 여인이 교인을 보고 도망한 일도 있고, 기생이 되려는 열기가 변하여 미션스쿨에 다니는 여인도 있고, 무당이 변하여 교회의 권찰이 된 사람으로 아직 생존한 이도 몇 사람 있습니다.

그러나 지금은 어떠합니까? 점치는 일을 직업으로 삼은 소경에게 전도한즉, "교회의 아무개, 아무개도 내게 와서 점치고 가는데 내가 굿이나 점술을 버리고 입교入敎할 필요가 없다" 하니, 지금 교인 중에 도로 우상을 섬기는 자가 생기는 것이 아닙니까? 이제 술꾼이 도리어 장로에게 술을 권하고, 장로가 손님에게 담배를 권하고, 마작 같은 놀음을 예사로 하는 일이 있지 않습니까? 목사, 장로, 집사, 학생, 교인 여러분! 이러고서야 어찌 그리스도의 편지가 되며, 어찌 불신자에게 계명이 될 수 있겠습니까?

둘째로 모세에게 배울 것은 신명기 34장입니다. 기록에 의하면 모세는 죽어 장사하였고, 예수가 십자가에 고난받으실 때 무덤에서 일어난 성인 중 한 사람으로 부활했습니다(마태복음 27:52-53). 모세가 한 번 죽고 다시 산 것과 같이 우리도 육으로는 죽고 영으로는 다시 사는 변화를 받고, 온후溫厚하고 겸손한 사람이 되어야 합니다. 총회, 노회 같은 성회 석상에서도 조심성 없이 혈기 부리는 일이 있어서는 안 됩니다. 혈기는 죽고 속사람이 새로 변화한 사람이 되어야 합니다.

2. 엘리야는 죽지 않은 몸으로 변화한 자요, 불수레를 타고 승천한 사람입니다. 엘리야를 '불의 선지자'라고 칭하였는데, 이는 오십부장을 불로 사르고, 갈멜산에서 하나님의 불이 내려 제물을 사르고, 바알의 선지자 450명을 잡아 죽인 것을 보아 그 성격이 불같이 열렬하고, 또 하나님이 불로 응답하시고, 나중에는 불수레를 타고 승천하였으니 '불의 선지자'라 칭함이 마땅합니다.

우리는 엘리야에게서 불같이 열렬한 성심聖心과 신령한 영화靈火의 응답을 받는 제사와 불수레를 탄 일에 대하여 배우고자 합니다. 우리에게도 열렬한 신앙과 응답을 받을 만한 기도가 있어야 하고, 불수레와 같은 성령 안에 거하여야 합니다.

성직을 맡은 여러분! 형제자매들! 이러한 열심이 있소? 기도가 있소? 과연 불수레에 실려 있는 것입니까? 평양에는 1930년인 지금 장로교인이 만 명, 그 외 다른 교파에 5,000명가량을 합하여 1만 5,000명의 신자가 있다고 하나, 열심이 식었습니다, 식었습니다. 영의 열은 식었습니다. 그리스도의 편지가 못 되는 교인은 넘어집니다. 식은 교회는 망하는 것입니다.

평양의 교회여, 어디로 가고 있습니까? 이를 장차 어찌하자는 말입니까?[2]

세 제자가 일정한 수준에 이르지 못하는 것

베드로는 성산 위의 놀라운 영적인 계시를 접하고 예수와 모세와 엘리야를 모시고 성산에 오래 살려고 장막 셋을 지으려 했습니다. 여기에 세 제자의 세 가지 부족함이 드러납니다. 우리는 예수와 두 선지자에게 선을 배웠거니와, 세 제자의 실수에서도 또한 교훈을 삼을 것이 있습니다.

첫째, 그들의 부족한 것은 성산의 영화세계를 영원한 천년왕국으로 오해하여 그곳에서 오래 살려고 한 것입니다. 이것은 천년왕국의 형상이요, 천년왕국의 실제 세계는 아닙니다. 현대 교인들도 예수 재림의 영화로운 천국을 믿는 것보다, 사회개량에 따라 문화세계를 건설할 뜻으로 지상천국이라 말하며 교회가 문화운동에 급급하니 이는 그릇됨이 큽니다. 노아 때에 세상이 평안하다 하여 사람들이 시집가고 장가가며 집 짓고 밭 가는 중에 홍수가 이르러 심판하지 않았습니까?

서양인들이 근대의 물질문명에 성공하여 육적인 쾌락의

---

[2] "길선주 목사님은 여기에 이르러서는 열렬함이 극도에 달하여 강단이 무너질 듯이 구르고 벽이 물러갈 듯이 절규하심은 엘리야가 오늘날에 나타나신 것 같았다."―기록자의 각주가 본문에 추가되어 있다.

이상촌을 세우고 이를 '지상천국'이라고 자랑하더니, 세르비아 한 청년의 권총 소리[3]에 쾌락의 꿈은 깨어지고 2,000만의 유혈참극이 벌어지지 않았습니까? 바빌론에 인공적으로 만든 산인 바벨탑은 어디 있으며, 진시황의 아방궁과 에베소의 아데미 전각은 어디 있으며, 애굽의 문명, 신라의 문물은 지금 어디 있습니까? 사람의 건설, 세속의 문화는 무너지고 마는 것이며, 사람의 건강과 가정의 행복도 맛볼 수 없는 것입니다. 우리는 예수의 재림을 기다리는 것 외에 땅 위에 영구한 건설은 없는 것입니다.

둘째, 그들의 부족함은 예수를 모세나 엘리야와 동등시하여 세 장막에 두 선지자와 예수를 동급으로 모시려고 한 것입니다. 세 제자는 예수를 선지자와 동등하게 대접하였지만, 금세의 교인은 예수를 발명가 에디슨만큼도 대접하지 않음을 볼 수 있습니다. 아니 에디슨은 고사하고, 돈 있는 사람만큼도 대접하지 않는 것 같습니다.

신앙은 어찌 되었든지 돈만 내면 돌로 만든 비석을 깎아 세우고, 사람이야 어찌 되었든지 돈만 있으면 높은 제단에 올려 앉히고 숭배하는 것입니다. 현대 교회가 금송아지를 섬기

---

[3] 1914년 6월 28일, 세르비아의 한 청년이 사라예보에서 오스트리아 황태자 부부를 암살하였는데, 이 일로 인해 오스트리아가 세르비아에 선전 포고를 함으로써 제1차 세계대전이 발발하였다.

는 시대에 떨어지지 아니하였습니까? 또한 성경을 과학만치도 대우하지 않습니다. 여러분! 여기에 학사와 박사와 신령한 목사가 한자리에 있다면, 여러분은 누구에게 머리를 숙입니까? 오늘날 교회에서 상당한 자격 있는 교역자를 요구한다는 큰 소리를 들어 보면, 소위 자격자란 그 내용이 영적 역량을 의미하는 것이 아니라 인물이나 학식이나 간판이나 수완 등을 의미하는 것입니다.

오호! 예수가 교인에게 푸대접을 받고, 성경이 교회에서 괄시를 당하고, 진실한 사람이 버려지는 시대는 화 있을진저! 형제자매들은 예수를 마땅히 하나님으로 높이고, 성경을 마땅히 하나님의 말씀으로 믿어야 합니다.

셋째, 그들의 부족함은 자기의 영적인 즐거움만 생각하고, 산 아래 사람을 돌아보지 않은 것입니다. 산 아래에는 번잡하고 시끄러운 세상, 고통스럽고 소란하지만 참된 진리와 행복은 없는 세상 속에서 썩어지는 인류들이 있고, 아직도 예수를 이해하지 못하여 "내가 높으니, 네가 낮으니" 하는 저열한 다툼만 하는 동포 형제들이 있고, 사악한 귀신에게 신음하는 어린이가 고통받고 있지 않습니까? 이를 깨닫지 못하고 자기들만 성산 생활을 계속하려는 것은 소위 '영적 독선주의'입니다. 이런 사람은 바울에게 나아가 "너희는 수고를 서로 담당하라"(빌립보서 2:4), "내가 동포를 위하여 근심하노라"(로마서 9:1-3) 하는 신앙윤리를 배워야 합니다.

근래 교우 중에 예수교에 들어와서 살림살이도 채워지고 지위도 높아지면서 전날에 고생하던 것은 다 잊고, 예수의 교훈도 잊고, 도리어 자만해져서 남을 멸시하고, 불쌍한 사람에게 동정할 줄 모르는 것도 반성해야 합니다. 우리의 신앙에 진보함이 있거든 신앙이 약한 자를 돕고, 내 생활이나 지위가 개선됨이 있거든 나보다 빈곤한 자를 도와야 합니다. 그리하여 주님의 뜻을 본받아 실행하는 신자가 되어야 합니다.

성산의 영적 세계는 제자들의 신앙에 가장 높은 실제적인 증거를 주었습니다. 현대 신자에게도 이러한 신앙의 실제적 증거가 있어야 합니다. 예수의 골고다 발자취를 따라 나아가며 예비하는 마음으로 영광의 나라로 재림하실 예수를 기다리는 신앙 위에는 이러한 영적인 계시의 실제적 증거가 나타날 것입니다. 모세가 유대인에게 계명이 된 것 같이 우리도 믿지 않는 인류에게 계명이 되며 그리스도의 편지가 된다면, 영적인 계시의 실제적 증거가 나타날 것입니다.

또한 세 제자의 부족함을 거울삼아 예수를 하나님으로 높이는 신자들은 놀라운 체험을 할 것입니다. 과연 구름 속에서 "이는 나의 사랑하는 아들이요 나의 택한 바니, 너희들은 그의 말을 들으라" 하는 소리가 우리의 심령 위에 고요히 들릴 것입니다. 이런 놀라운 체험의 신앙을 정립하여 예수의 말씀을 순종하는 신자가 되어야 합니다.

순간에 얻는 구원:
구원에 필요한 5대 요소

누가복음 23장 39-43절

> 이르되 예수여 당신의 나라에 임하실 때에 나를 기억하소서 하니
>
> (누가복음 23:42)

수년 전인 1911년, 영국에서 타이타닉이라는 큰 기선을 제조하고, 첫 항해를 시험하다가 큰 빙산에 부딪혀 3,000명의 승객을 넓고 큰 바다의 푸른 물결에 매장시켰습니다. 만일 그때 한 몇십 분 전에라도 함장이 망원경을 가지고 빙산이 흘러옴을 보았더라면, 미리 대비하여 서로 접촉되지 않게 하였을 터인데, 이 몇 분의 순간 함장의 불찰로 3,000명의 목숨을 희생시켰습니다.

얼마 전에 어떤 신문에서 "자살하려고 한강철교를 향하여 가는 사람을 어떻게 구할까?" 하는 주제로 현상 문제를 걸었

습니다. 그때 입상된 해답에 이러한 것이 있었습니다.

"죽으러 가는 자를 향하여 급히 할 말이 있으니 잠깐만 기다리라" 하면, '잠깐'이라는 급한 말이 그 사람의 발걸음을 멈추게 하리니 급히 가서 선의로 알아듣도록 타이르면 살릴 수 있다고 하였습니다.

순간의 불찰로 대중을 희생하고 잠깐의 선한 의도로 알아듣도록 타이르면 생명을 구원할 것이니, 사람의 생사 문제는 장시간을 필요로 할 것이 아니요, 다만 일순간에 있는 것입니다.

성경 본문을 보면 지금 이 강도가 구원을 얻음이 또한 십자가 위에서 일순간에 된 일이니 영혼의 구원함도 역시 일순간에 있는 것입니다. 그러나 이 도적의 구원이 순간에 이뤄진 것이지만 오랜 세월 동안에 이루기 어려운 것이니, 곧 통회, 신의, 증거, 소망, 간구의 5대 요소가 있습니다.

통회

무릇 인간은 육신이 죽게 될 때 마음도 극히 잔인해지기 쉬움은 아무 소망이 없는 까닭입니다. 설령 선을 행한들 누가 자기를 붙들어 주며, 자기에게 무슨 유익이 있을까요. 그러므로 왼편의 강도는 포학하게도 주를 훼방하며 핍박하였습니다. 그러나 오른편의 강도는 말하기를, "우리는 이 형벌을 받음이 심히 합당하다" 하였으니, 이것은 곧 깊이 자기의 죄를 깨닫는 마음에서 나온 말입니다. 아담의 범죄는 한 30분을 넘지 않았으나 그 화는 수천 년에 유전되었으니, 만일 그가 범죄하던 순간에 회개하는 맘이 있었더라면 세상의 모든 사람이 이와 같이 타락한 지위에 이르지 않았을 것입니다. 구원의 입문은 다만 통회하는 한 길밖에 없습니다.

신의
그는 통회할 뿐 아니라, 또한 깊이 주를 믿고 받들었습니다. 말하기를, "너는 이 형벌을 당하되, 오히려 하나님을 경외치 않느냐? 이 사람이 행한 것은 옳지 않은 것이 없다" 하였으니 이는 확실히 천부를 믿은 것이며, 또한 주의 의를 믿고 받든 증거입니다.

우리가 그때의 형편을 보건대 극히 신뢰키 어려운 이유가 두 가지 있으니, 첫째는 주님의 형편을 보아서 도저히 믿고 의지하기 어렵습니다. 대저 남을 믿고 의지한다고 함은 항상 나보다 처지가 나을 때 그러한 것이니, 만일 예수 선교 당시에 거룩한 기사와 이적이 없고 오직 남에게 핍박과 원망만 당했다면, 어느 제자가 주를 믿고 따랐겠습니까? 이때 도적으로서 주를 보건대, 조금도 자기보다 나을 것이 없습니다. 도리어 주께서는 자기보다 더 중한 악형을 당하셨으니 신뢰할 만한 것이 아무것도 없었습니다. 그는 이러한 경우에도 예수를 깊이 믿고 의지하였으니 얼마나 장한 일입니까?

둘째는 자기의 형편을 보아서 도저히 믿기 어려웠으니, 누구든지 고통을 당할 때 믿음이 떨어지기 쉬운 것입니다. 이때 혈관이 끊어지고 정신을 상실하였을 지경에도 불구하고 그는 확고한 신뢰심을 가졌습니다.

증거

사람이 지위와 세력이 있을 때는 그를 칭찬하기 쉬우나, 주님이 십자가에서 달리셨을 때는 가장 두려운 시기였습니다. 모든 장로와 제사장과 천부장과 백부장과 그 밖에 여러 무리가 다 주를 십자가 위에 매달았습니다. 어마어마한 주위의 기분은 죽음의 칼날이 눈앞에 어른거리는 살기충천한 순간이었습니다. 전율과 공포로 휩싸인 이때 도적은 "이 사람의 행함은 의義 아님이 없다"고 확실히 증거하였으니, 곧 그 말의 이면에는 의인인 예수를 못 박는 자들의 매우 흉악하고 사악함을 타도하는 깊은 의미가 있습니다. 주를 사랑하고 따르던 제자도 다 달아나고 없는 이 십자가 위에서 어찌하여 이와 같이 정중하고 엄정한 증거를 했을까요? 이때 한마디의 증거가 평상시 백 마디의 증거보다 나으니, 이것이 구원의 중대한 요소입니다.

소망
이 사람은 영원한 소망을 가졌으니 주께 "당신의 나라에 임할 때 나를 기억하소서"라고 간구했습니다. 이는 영원하고 광대한 소망입니다. 사람은 곤란을 당할 때, 대개 소망을 잃게 됩니다. 그러나 그는 무한한 십자가 형벌의 고통 중에서도 큰 소망을 가지게 된 것입니다. 이 소망이 구원을 얻게 했습니다.

간구
이 사람이 얼마나 간구했는지를 보십시오. 기도에 응하지 아니함이 없고, 간구에 얻지 못함이 없나니, 간구는 구원을 얻는데 중대한 요소입니다. 성도의 기도는 하나님 아버지를 감동하는 능력이 있습니다.

오른편의 강도는 이상의 5대 요소를 가졌습니다. 그는 바로 그 자리에서 완전한 구원을 얻었으니, 예수께서 그와 함께 낙원에 계실 것을 확실히 허락하셨습니다.

성화. 제2권 6호. 1936. 6.

사랑은 낙원의 꽃씨

베드로전서 4장 1-11절

> 무엇보다도 뜨겁게 서로 사랑할지니
> 사랑은 허다한 죄를 덮느니라(베드로전서 4:8)

누구든지 꽃송이를 보고서 침을 뱉고 배척하는 자는 없을 것입니다. 곱게 핀 꽃 한 송이를 보면 그 아름다운 향기에 취하여 기분이 상쾌해집니다. 마찬가지로 누구든지 자기를 사랑하는 자를 적대시하는 자는 천하에 한 사람도 없을 것입니다. 다 좋아합니다. 그러므로 사랑은 낙원의 꽃씨입니다.

어찌하여 낙원의 꽃씨가 될 수 있을까요? "제일 필요한 것은 열심으로 서로 사랑할 것이니" 무엇보다도 사랑이 제일입니다. 개인에게도 사랑이 제일이요, 부부간이나 부자간이나 사회에나 국가에나 온 천하에 무엇보다도 사랑이 제일입니다. 천국에서도 사랑이 제일입니다. 동식물이 사는 곳에 공기가 휩싼 것과 같이 영화롭게 하신 몸으로 사는 새 예루살렘도 사랑으로 싸여 있습니다. 미움이 충만한 곳이 지옥이요, 사랑이 풍성한 곳이 천국입니다.

고린도전서 13장은 사랑의 가치를 높이 강조하여 "사람의 방언과 천사의 말과 예언하는 능력이 있어 모든 비밀과 지식을 알고 또 산을 옮길 만한 믿음과 모든 것으로 구제하고 내 몸을 불사르게 내줄지라도 사랑이 없으면 아무 유익이 없으니 그런즉 믿음과 소망과 사랑, 이 세 가지는 항상 있을 것인데 그중에 제일은 사랑이라" 하였습니다.

예언도 폐하고, 방언도 그치고, 지식도 폐합니다. 그러나 오직 사랑만은 영원히 떨어지지 않습니다. 우리는 천국을 사모합니다. 그것은 사랑이 가득한 곳이기 때문입니다. 우리의 가정, 사회, 국가가 사랑으로 서로 사귀면 곧 지상천국이 될 것이니, 그러므로 사랑은 낙원 화원花園의 꽃씨입니다.

그러면 어떠한 사랑이 낙원의 꽃씨가 될까요? '열심의 사랑'입니다. 성경에는 사랑의 종류가 많습니다. 큰 사랑도 있고 작은 사랑도 있고, 뜨거운 사랑도 있고 미지근한 사랑, 임시적 사랑, 영구적 사랑도 있습니다.

수십 년 전 대전 당시, 영국 군함이 병사 3,000명을 싣고 독일을 정복하러 출발하던 도중에 독일 구축함에 파선을 당했습니다. 그중 하나님을 믿던 병정 한 사람이 물속에서 솟아나와 한 조각의 목판을 얻어 자기 생명같이 여기며 그 나무 조각을 타고 헤엄쳐 갔습니다. 얼마 후에 한 병정이 나타나서 "나도 같이 타자"고 하므로 서로 교대해 가면서 런던 항구까지 가다가 피차 기진맥진하게 되었습니다. 그때 하나님을 믿는 병정이 "우리가 다 살려고 하다가는 둘 다 죽겠으니 당신만 타고 가시오" 하니, 믿지 않는 사람은 "당신이 먼저 차지한 권리가 있으니 당신이 타시오"라고 권하였습니다. 그러나 신자는 듣지 않고 "나는 이제 죽어도 구원을 얻으나 당신은 지금 죽으면 멸망을 받을 터이니, 부디 이것을 타고 살아나서 예수를 믿고 구원을 얻어서 천당에서 만납시다. 영국의 어떤 예배당에 가서 나의 부모를 만나거든 '열심으로 서로 사랑하라'고 권하십시오" 하고는 물속에 깊이 들어가서 죽었습니다. 믿지 않는 사람은 통곡하고 회개하면서 십자가의 대속에 대한 진리를 절실하게 체험했습니다.

그 병정이 무사히 항구에 도달해 예배당을 찾아가서 목사에게 그 전후 사정을 말하니, 목사가 그 형제에게 강단에서 말하라고 하였습니다. 그가 눈물을 흘리며 구구절절 설명하면서 "열심으로 사랑하라"는 말을 전하니 1,000여 명의 신자들이 자기의 사랑 없음을 통회하고 자복하여 큰 부흥이 일어났습니다. 그래서 그 교회는 서로 사랑하여 낙원을 건설하였습니다. 우리는 마땅히 서로 열심으로 사랑하여 우리의 가정, 우리의 교회가 낙원의 꽃동산이 되도록 합시다.

낙원을 건설할 자가 누구입니까? 서로 사랑하는 자입니다. 지식이 출중한 자가 아니요, 지위가 고귀한 자가 아닙니다. 오직 주 안에서 서로 사랑하는 자입니다. 여러분! '한 손뼉만으로는 소리가 나지 않는다'는 격언을 듣지 못하였습니까? 또한 맷돌 한 짝만으로는 도저히 밀 한 알도 갈 수 없습니다. 반드시 두 짝이 있어야 합니다.

물론 하나님께서 우리를 사랑하십니다. 그러나 사람이 사랑하지 않으면, 하나님의 사랑은 받아들일 수도 없고 깨달을 수도 없는 것입니다. 그러므로 우리는 무엇보다도 사랑하는 자가 되어야 합니다. 사랑하는 자! 이것이 천국 백성입니다. 사랑하지 않는 자는 지옥의 자식이요, 마귀의 자식입니다. 사랑하는 자가 능히 지옥의 권세를 깨뜨리고 낙원을 건설할 수 있습니다. 우리 모두 사랑하는 자가 됩시다.

사랑의 유익이 무엇입니까? 사랑은 허다한 죄를 가리웁니다. 사랑이 있으면 사람의 부족한 점이 없어집니다. 예컨대 천진한 아기가 어미의 뺨을 치지만 어머니는 웃습니다. 그것은 애정이 있기 때문입니다. "고슴도치가 제 새끼 털 곱다"는 말도 일리가 있습니다.

제가 한번 들 밖을 산책할 때 어부의 고기 그릇 위에 물고기 비늘이 어리어 무지개 세계를 이루어 놓은 것을 보았습니다. 자세히 보니 그릇 속에는 작은 고기뿐이었습니다. 그렇게 보인 것은 그릇에 담긴 물에 햇빛의 칠색七色이 비친 까닭임을 알게 되었습니다. 그래서 "주여! 제 눈이 사랑의 눈이 되어 예수의 태양 광선을 흡수하여 형제들을 보게 하옵소서" 하고 기도하였습니다. 금강산 만물상은 보는 장소에 따라서 대장으로도 보이고, 아이로도 보이고, 사자같이도 보입니다. 만물의 형상과 같이 보이므로 '만물상'이라 한 것이니, 곧 사람의 눈이 만물상입니다. 우리는 범사에 사랑의 눈을 가지고 만물을 관찰합시다.

제 눈을 보십시오. 좀 큽니까? 저를 아는 사람은 예사例事로 보지만, 모르는 사람은 이상하게 봅니다. 우리 교회 신자는 제 눈을 보고 천사의 눈 같다고 하며, 안경 도수가 깊어서 번쩍번쩍하므로 불꽃 같은 눈이라고 합니다. 그래서 죄를 자복하지 않을 수가 없다고 합니다. 그러나 저를 모르는 사람은 '왕눈이', '퉁방울눈'이라고 합니다. 그러면 제 눈이 변하였나요? 아닙니다. 보는 사람의 눈이 다른 것입니다. 전자는 사랑의 눈으로 본 것이요, 후자는 비평의 눈으로 본 까닭입니다.

"며느리 얼굴이 얽었다"고 합시다. 사랑의 눈으로 볼 때는 움푹 들어간 자국에 복이 들었다고 합니다. 그러나 미움의 눈으로 볼 때는 '얼금뱅이'나 '곰보딱지'라고 흉을 봅니다. 그러면 그 얼굴이 칠면조처럼 변하는 것인가요? 아닙니다. 보는 자의 눈이 칠면조입니다. 이와 같이 "사랑은 허다한 죄를 덮습니다"(베드로전서 4:8).

오늘날, 교회가 사랑이 없어서 서로 분쟁합니다. 헌법이니 규칙이니 하여 사람의 허물만 찾아냅니다. 서로 사랑하면 이같이 사이가 벌어져 틈이 생기는 실마리가 없을 것입니다. 사회도 그렇습니다. 형제 사이에 서로 싸움만 하고 권리 다툼으로 유혈의 참극을 연출하므로 평화가 없습니다.

아, 오직 이 교회, 이 사회에 예수와 같은 사랑, 바울의 사랑, 스데반의 사랑이 있으면 우리 반도 강산에 고운 사랑의 꽃이 만발하여 지상낙원을 이룰 것입니다. 먼지는 피울수록 냄새만 나고, 향은 피울수록 향기가 진동합니다. 우리는 남의 허물을 들추어 악취를 내지 말고, 장점을 내세워 사랑의 향기만 날립시다. 이렇게 하면 저절로 이 세상은 꽃동산이 될 것입니다.

우리가 누구에게로 가오리까

> 시몬 베드로가 대답하되 주여 영생의 말씀이 주께 있사오니
> 우리가 누구에게로 가오리이까 우리가 주는 하나님의 거룩하신 자이신 줄
> 믿고 알았사옵나이다(요한복음 6:68-69)

베드로의 답

예수께서 벳새다 광야에서 오병이어로 5,000명을 먹이신 후에 추종하는 많은 민중에게 "썩어질 양식을 위해 나를 따르지 말라" 이르셨습니다. 그리고 당신의 살과 피를 마셔야 영생하리라 말씀하셨습니다. 예수를 왕으로 삼아 정치·경제 문제 등을 해결하려던 무리는 예수의 말씀을 들은 후, 자신들의 기대와 다름에 실망하여 열두 사도 외에는 모든 제자들이 다 물러갔습니다. 예수님은 남은 열두 명을 향하여 "너희도 또한 가고자 하느냐?" 하고 물으시니 그때 베드로가 대답했습니다. "우리가 누구에게로 가오리까?" 이 대답은 다른 아무 데

도 갈 데 없고, 오직 예수만 따르겠다 함입니다.

갈 데 없다

1. 돈을 따라 부자에게 갈까?(야고보서 1:11)

옛날에 중국의 부자 석숭[1]은 일개 미인으로 인하여 조왕[2]에게 피살되었으니, 후대 사람이 평하여 말하기를 "단모부但謨富요 불모신不謀身이라" 하였습니다. 이를 해석하면, 재물 얻기만 꾀할 뿐, 자기 몸을 돌볼 줄은 몰랐다는 뜻입니다. 또한 "금불능구인金不能救人하니 금곡원金谷園에 백수공류白水空流러라" 하였습니다. 이는 재물이 사람을 구원하지 못하니 석숭의 별장인 금곡원에 덧없이 물만 흐른다는 뜻으로 재물이 아무 소용없다는 것을 의미합니다.

2. 세력 따라 권문에 갈까?(전도서 1:2-3, 17)

1) 영웅이 자기 한 몸도 구원치 못합니다. 산을 뽑을 만큼 힘이 세고, 세상을 압도할 만한 기세를 가진 항우[3]도 한漢나라

---

[1] 249-300. 항해와 무역으로 거부가 된 중국 서진(西晉)의 부호.
[2] 중국 전국시대에 패권을 다투었던 전국7웅의 하나.
[3] 중국 진나라 말기에 유방과 천하를 놓고 다투던 무장. 진을 멸망시킨 뒤 서초 패왕이라 칭했으나 이후 유방에게 포위되어 자살한다.

의 패공[4]에게 패하여 오吳나라 강변에서 자살하였습니다. 한 시대를 호령하던 나폴레옹도 외떨어진 세인트 헬레나 섬에서 금고형禁錮刑[5]을 받아 지내는 중에 죽었으니 남을 구원할 힘이 어디 있습니까?

2) 학자에게로 갈까?(고린도전서 1:19) 옛날의 학문은 근대의 지식이 되지 못하고, 오늘날의 유물론은 내일의 지식이 되지 못할 것이니 학문이 어찌 사람을 구원하겠습니까?

3. 종교가에게 갈까?

공자는 "삶조차도 아직 알지 못하는데, 어찌 죽음을 알겠는가" 하여 사후 세계를 몰랐습니다. 석가모니는 열반의 경지인 적멸寂滅을, 노자와 장자는 도가의 경지인 허무를 내세우며 '생사의 경지를 초월한 상태'를 추구했습니다. 이들에게 어찌 영생을 묻겠습니까?

어느 시에 이르기를 "노자와 장자는 속세를 떠나 헛되이 도에 머물렀고, 공자와 맹자는 오히려 세상에 있으면서 도를 배우지 않았다" 하였습니다.

---

4 중국 한나라 제1대 황제인 고조(高祖) 유방이 왕위에 오르기 전의 칭호.
5 가두기만 하고 노역은 시키지 않는 형벌.

예수를 믿고 알라

"주여, 영생하시는 말씀이 계시매 우리가 누구에게로 가오리이까?"

영생의 주를 알아야 합니다. 요한복음 6장 69절에는 "우리가 주는 하나님의 거룩하신 자이신 줄 믿고 알았사옵나이다"라고 기록되어 있습니다. '신(信)'과 '지(知)'로 예수께 오고, 예수 안에 있어 구원을 얻고 영생합니다.

1. 예수를 믿을 것
1) 그 이름을 믿음(요한복음 1:12)
2) 행적을 믿음(요한복음 3:2)
3) 말씀을 믿음(요한복음 6:68-69)

2. 예수를 알 것 = 믿음으로 예수를 앎
1) 죄와 사망 중에서 구원하시는 구주를 깨달아야 합니다. "천하 사람 중에 구원을 받을 만한 다른 이름을 우리에게 주신 일이 없음이라"(사도행전 4:12).
2) 은혜와 진리의 주로 깨달아야 합니다(요한복음 1:14).
3) 생명의 주로 깨달아야 합니다. "영생은 곧 이것이니 유일하신 참 하나님과 그가 보내신 자 예수 그리스도를 아는 것

이니이다"(요한복음 17:3; 6:68-69).

예수께로 오라

형제자매여! 주께서 "너희도 또한 가고자 하느냐?" 하고 물으시면 어떻게 대답하겠습니까? "주여, 영생하시는 말씀이 계시오매 우리가 누구에게 가오리까?" 생명의 주께 와서 영생을 얻으십시오.

"내게 오는 자는 내가 결코 내쫓지 아니하리라"(요한복음 6:37).

"여호와를 만날 만한 때에 찾으라 가까이 계실 때에 부르라 악인은 그의 길을, 불의한 자는 그의 생각을 버리고 여호와께로 돌아오라"(이사야 55:6-7).

신앙생활. 제9권 3호. 1940. 3.

그리스도인의 삶

선악과 시험에 대하여

창세기 2장 16-17절, 3장 1-24절

> 여호와 하나님이 그 사람에게 명하여 이르시되
> 동산 각종 나무의 열매는 네가 임의로 먹되 선악을 알게 하는 나무의 열매는 먹지 말라
> 네가 먹는 날에는 반드시 죽으리라 하시니라(창세기 2:16-17)

하나님이 선악과를 만드신 것은 신학상 큰 문제입니다. 왜냐하면 무소부지無所不知의 하나님이 무슨 이유로 사람이 실패할 선악과를 지으사 범죄하게 하였느냐는 것입니다. 그러나 하나님이 인간을 실패케 하려고 지으심은 아닙니다.

시험에 다섯 가지 종류가 있나니 첫째 사탄의 시험, 둘째 사람의 시험, 셋째 사물의 시험, 넷째 스스로 받는 시험, 다섯째 하나님의 시험입니다.

선악과 시험은 사탄의 시험입니다. 사탄의 시험은 악의로 하는 시험이요, 하나님의 시험은 인간의 행복한 생활을 위한

시험입니다. 야고보서를 보면 하나님은 악으로 시험하지도 않으시고, 악으로 시험을 받지도 않으신다고 하였습니다. 사람도 자기의 자식을 망하도록 내버려 두지 않는데 자비의 하나님은 인간을 절대로 망하게 하지 않으셨을 것입니다. 하나님께서 선악과로 시험하신 네 가지 목적이 있습니다.

천지의 대주재의 권한을 나타내려 하심이다

하나님이 계신다면 천지의 대주재가 되셔야 하겠습니다. 천지의 대주재가 되지 못하면 무능한 신이 될 것입니다. 그러므로 선악과가 아니면 천지의 대주재가 못 됩니다. 비유컨대, 주인 없는 땅을 먼저 발견한 자가 있다면, 만국공법萬國公法(국제법을 가리키는 옛날 용어)에 의하여 선취특권先取特權(우선으로 갖는 특별한 권리)으로 주인이 될 것입니다. 그러나 어떤 모퉁이에 이르러 문득 광고판을 발견하자, 거기에 기록하기를 "모든 것을 다 임의로 사용하되 어떤 것 하나만은 허락하지 않는다" 하였다면, 이 사람은 비로소 먼저 주인이 있음을 깨달을 것입니다. 그리고 자기는 제2의 주인이거나 그 주인의 청지기에 불과한 줄을 확실히 알 것입니다. 이와 똑같은 의미에서 하나님은 천지의 대주재가 됨을 알게 하려고 선악과를 만드셨습니다.

세상을 평화의 동산으로 만들기 위하심이다

그러나 어떤 사람은 "도리어 불행과 고통이 세상에 들어오지 않았느냐?"고 반문하기 쉽습니다. 저는 여기에 대하여 이렇게 답변하겠습니다. 비유컨대, 미개한 민족에게 전제정치가 필요함과 어린아이에게 자유가 부적당함과 같습니다.

선악과는 인간의 평화를 위한 하나님의 엄위(嚴威)한 공법입니다. 인간은 여기 복종함으로 평화를 가질 수 있는 것입니다. 선악과로 인간의 조상은 실패하였으나, 지금은 그것으로 복종을 배워서 질서 있는 세상이 되었습니다. 가정, 사회, 국가도 이 복종으로 질서 있게 됩니다.

중대한 직분을 인간에 맡기기 위하심이다

중대한 직분을 맡기자니, 시험이 필요합니다. 미국에서 대통령 선거를 할 때가 되면 대통령의 강연도 듣고, 행실도 조사하고, 그의 이상을 여러 가지로 시험한 후에 투표합니다. 세상의 제2주인을 만들자니 시험하지 않을 수 없습니다.

혹 "어려운 시험에 어떻게 떨어지지 않을 수 있느냐"고 반문하기 쉽습니다. 저는 여기에 대하여 이렇게 대답하겠습니다. "선악과 시험은 극히 쉬운 시험입니다. 하나님은 인간이 감당할 시험 외에 더하지 않으십니다. 학교에서 입학시험을 볼 적에 자기가 졸업한 학교의 학력을 가지고 시험합니다. 배우지 않은 것을 물어보지 않습니다. 그러면 입학시험에 낙제한 학생이 있다면 누구의 불찰이겠습니까? 물론 학생이 그 책임을 질 수밖에 없습니다. 어떤 위험지대에 "이곳저곳은 위험한 곳이니 가지 말라"는 길을 알려 주는 표식이 있음에도 불구하고 그대로 가다가 떨어져 죽었다면, 그 실책이 누구에게 있겠습니까? 물론 그 행인 자신에게 있습니다. 그런즉 모든 것을 다 먹고, 한 나무의 열매만 먹지 말라는 것은 어려운 일이 아닙니다.

자유를 인간에게 주시기 위함이다

하나님은 죄짓지 않는 인간을 만들려면 만드실 수 있을 것입니다. 그러나 복종을 시켜서 복종하는 인간이라면 기계적이요 무가치한 인간이 됩니다. 시계가 일정한 시간을 맞추는 것은 맞추도록 지음이요, 닭이 새벽 시간을 맞추는 것은 하나님이 그렇게 지은 까닭입니다. 보십시오! 기계적인 창조물은 향상도 없고 발전도 없습니다. 옛날의 까치가 둥지를 만든 것이나 오늘의 까치둥지가 틀림없이 똑같습니다.

인간에게는 자유가 있으므로 향상도 있고 발전도 있습니다. 기계적 복종은 복종이 아닙니다. 하나님이 선악과를 못

먹도록 인간을 지으려면 지었을 것입니다. 그러나 더 향상할 수 있는, 하나님의 완전하심과 같이 완전하여질 수 있는 자유로운 인간은 못 되었을 것입니다.

선악과 시험이 어렵다는 말은 도무지 인정할 수 없는 말입니다. 만일 아담이 하나님의 시험이 어려우므로 실패하지 않았느냐고 질문한다면, 거기에 대하여 답변할 간증자가 차고 넘칩니다. 아브라함, 욥, 그 외에 무수한 선지자가 있으며, 더구나 우리 주 예수가 계시지 않습니까? 선악과 시험은 족히 비할 수 없는 시험입니다.

우리는 선악과에 대한 쓸모없는 의문을 버리고, 모든 시험에 승리하신 예수 그리스도만 믿으면 구원을 얻을 것입니다. 아담은 실패하였으나, 그 시험이 있기 때문에 오늘날 우리는 하나님께 복종함으로써 더 향상할 수 있으며, 완전케 될 수 있습니다.

죄를 자복하고 기도하라

죄는 기도를 막는다

누가복음 18장 13-14절에 주께서 세리와 바리새교인의 기도를 비교하여 기도의 정신을 가르치실 때 통회하는 세리의 기도는 의롭다 함을 얻었고, 자랑하는 바리새교인의 기도는 응답을 얻지 못한 것을 말씀하셨습니다. 야고보서 5장 16절에는 "너희 죄를 서로 고백하며 병이 낫기를 위하여 서로 기도하라 의인의 간구는 역사하는 힘이 크니라"고 하셨습니다. 다니엘서 9장에는 다니엘이 자기 죄와 이스라엘 민족의 죄를 위하여 애통하며 기도하되 "주여, 내 죄와 이 백성의 죄를 사하시옵소서" 하는 동시에 주께서 응답하사 장래 이스라엘 백성에 대한 모든 섭리와 희망을 계시하셨습니다.

우리가 몇 주일 전부터 매 삼일 예배에 "주께서 나의 기도를 들으시는가" 하는 문제로 계속 설교하는 중에, 지난 삼일 예배 때까지 '합심하여 기도할 것', '믿음으로 기도할 것', '타인의 죄를 용서하고 기도할 것'에 대해 생각해 보았습니다. 오늘 저녁에는 '우리 죄를 서로 고하고, 자복하며 기도하자'는 문제로 생각하고자 합니다.

우리가 하나님께 기도하나, 때로는 응답을 받지 못하는 경우가 있습니다. 이는 우리의 죄를 회개하고 자복하지 않는 까닭입니다. 주께서 이렇게 말씀하셨습니다.

"여호와의 손이 짧아 구원하지 못하심도 아니요 귀가 둔하여 듣지 못하심도 아니라 오직 너희 죄악이 너희와 너희 하나님 사이를 갈라 놓았고 너희 죄가 그의 얼굴을 가리어서 너희에게서 듣지 않으시게 함이니라"(이사야 59:1-2).

하나님은 죄인의 기도를 응답치 않으십니다. 그러므로 우리의 기도는 때때로 막힐 때가 있습니다. 지금 우리 교인의 죄를 열거하자면 천태만상입니다. 그러나 오늘날의 교인은 죄를 가리키면 귀를 막습니다.

세례 요한도 제1차 전도 때 "회개하라, 천국이 가까왔다"고 부르짖었고, 주께서도 전도의 제일 선언을 "회개하라, 천국이 가까웠다"(마태복음 4:17)고 하셨습니다. 천국이 가까웠다고 하셨으니 지금 우리가 천국을 이미 얻었습니까? 과연 회개할 죄가 없습니까? 우리의 심리와 육체와 영혼이 안정되지 못하고, 온 세상이 다 문란하게 되고 의가 없게 되었음은 회개할 자가 많은 증거입니다.

교인의 죄

죄가 무엇입니까? 간음이나 도적질만이 죄입니까? 이와 같은 죄를 범치 않았다고 죄가 없다고 하겠습니까? 요리문답은 죄를 "하나님의 법을 위반하는 것 또는 부족한 순종"이라 정의했습니다. 성경에 불법한 것이 물론 다 죄요, 의를 행할 줄 알고도 행치 아니함도 죄요, 순종치 않는 것이나 신앙 이외의 모든 행동은 다 죄라 하였습니다.

지금 우리가 주 예수를 믿고 수고하면서도 도리어 징벌懲罰하는 아래에 있고, 성신의 충만함을 받지 못함은 무슨 까닭입니까? 이는 아직 죄가 있는 까닭입니다. 죄는 하나님께 대한 죄와 사람에게 대한 죄도 있고, 숨은 죄도 있고, 나타나는 죄도 있고, 마음으로 짓는 죄도 있고, 언어상 죄도 있고, 행위상 죄도 있고, 가정에 대한 죄, 개인에 대한 죄, 교회에 대한 죄, 사회에 대한 죄 등 여러 종류가 있는 것입니다.

고대의 의인과 선지자들이 박해를 받은 이유는 무엇입니까? 선지자들은 시대의 죄악을 바로 책망하므로 핍박을 받고 손해를 입었습니다. 주 예수께서는 왜 십자가의 고난을 겪으셨습니까? 주께서 만일 교회의 지도자들에게 듣기 좋은 말만 하셨다면, 주는 그들에게 해를 받지 않았을 것입니다. 오늘날에도 교회와 교직과 교인의 죄를 바로 경고하는 자가 있으면 그도 선지자들이 받던 해를 면치 못할 것입니다.

현대 교회에

형제여, 여러분은 은혜를 받고자 합니까? 회개하고 자복하십시오. 회개하고 기도하십시오. 시기하는 죄로 허다한 원망이 일어나고, 음란의 죄로 모든 더러움이 나타나고, 사람을 속이거나 평가하는 죄와 권력이나 폭력으로 사람을 억압하는 죄와 형제와 타인을 용납하지 아니하는 죄와 인색함과 나태와 성신을 슬프게 함과 성신을 막음과 악인을 좋아하며 의인을 핍박하며 사사로운 감정으로 의인을 용납하지 않으면 기도해도 응답을 받지 못할 것입니다.

우리 교회가 은혜를 받았습니까? 받았으면 좋지만 받지 못했으면 어찌할까요? "잘 되어 간다"고 말하지 마십시오. 모든 사람이 우리 교회의 부진을 말하지 않습니까? 요한계시록

2장 5절에 "회개하지 아니하면 내가 네게 가서 네 촛대를 그 자리에서 옮기리라" 하지 않았습니까? 우리 교회는 회개하지 않아도 그 자리에 놓아둘 줄 아십니까? 교회를 그르치는 죄는 누구에게 돌아가겠습니까? 주께서 먼저 우리 지도자들에게 심문하실 것입니다. 어찌 두렵지 않겠습니까? 다니엘은 우리보다 의인이요, 성자였습니다. 그러나 그도 자기 죄를 통회하고 자복하지 않았습니까?

천국 열쇠를 잡고 자기도 들어가지 않고 타인도 들어가지 못하게 하는 죄인들이여, 자복하고 애통하며 회개하십시오. 10년, 20년 교인 노릇 한 것이 귀한 것이 아니라 자복하고 통회하는 자가 되는 것이 귀한 것입니다.

하나님은 우리의 기도를 들으십니까?

예수의 공생애 당시 어떤 사람들이 예수께 와서 "빌라도가 갈릴리 사람들을 학살해서 그 피가 우리가 드릴 희생 제물과 뒤범벅이 되었다"는 소식을 전했습니다(누가복음 13:1). 주께서는 어떻게 대답하셨습니까? 예수께서는 이렇게 말씀하셨습니다.

"너희는 이 갈릴리 사람들이 이같이 해 받으므로 다른 모든 갈릴리 사람보다 죄가 더 있는 줄 아느냐 너희에게 이르노니 아니라 너희도 만일 회개하지 아니하면 다 이와 같이 망하리라 또 실로암에서 망대가 무너져 치어 죽은 열여덟 사람이 예루살렘에 거한 다른 모든 사람보다 죄가 더 있는 줄 아느냐 너희에게 이르노니 아니라 너희도 만일 회개하지 아니하면 다 이와 같이 망하리라"(누가복음 13:2-5).

또, 마태복음 11장에서 회개치 않는 성을 향하여 이렇게 꾸짖으셨습니다.

"화 있을진저 고라신아 화 있을진저 벳새다야 너희에게 행한 모든 권능을 두로와 시돈에서 행하였더라면 그들이 벌써 베옷을 입고 재에 앉아 회개하였으리라 내가 너희에게 이르노니 심판 날에 두로와 시돈이 너희보다 견디기 쉬우리라 가버나움아 네가 하늘에까지 높아지겠느냐 음부에까지 낮아지리라 네게 행한 모든 권능을 소돔에서 행하였더라면 그 성이 오늘까지 있었으리라 내가 너희에게 이르노니 심판 날에 소돔 땅이 너보다 견디기 쉬우리라"(마태복음 11:21-24).

그 사람들보다 우리가 낫습니까? 회개치 않고 다른 형제를 원망하며, 다른 형제의 죄를 용서치 않는 죄가 있지 않습니까? 오늘날의 교인은 바리새교인보다 얼마나 낫습니까?

숨은 죄를 자복하고 기도하라

유럽의 어느 큰 집에 다섯 형제가 있었습니다. 하루는 장자가 돌연히 복통이 나서 고통스러워하다 죽더니, 조금 있다가 둘째, 셋째, 넷째 아들 차례로 네 형제가 같은 모양으로 고통을 당하다가 다 사망하였습니다. 집주인은 의사를 청하여 병 원인을 조사했고, 결과적으로 가옥에 독한 병균이 번성하는 것을 발견하였습니다.

소독약으로 각 방을 소독할 때 주인은 의사에게 자기 집 방을 다 열어 소독하게 했습니다. 그러나 최후에 한구석의 작은 골방은 열지 않았습니다. 의사가 방문을 왜 열지 않느냐고 물은즉, 주인이 "이 방은 사람이 흔히 출입하지 않는 방이니, 이 방만은 소독하지 않아도 괜찮다"고 하였습니다. 의사는 그 방도 소독하기를 수차례 권하였으나 주인이 시종일관 응하지 않으므로 의사는 매우 유감으로 여기며 안심치 못하였습니다.

그 후 그 주인 부부와 막내아들이 수개월 동안 타처에 수양차 가 있다가 돌아온 지 수일 후 막내아들 역시 자기 형들과 같은 병으로 고통받다가 별세하고, 오래지 않아 그 주인과 부인도 같은 병으로 다 별세하였습니다.

그 일가족이 다 사망한 후에 구석에 있던 골방문을 열어 본즉 거기는 값진 금은보석이 가득하였습니다. 귀중품이 많은 작은 방을 열어서 완전한 소독을 하지 않았으므로 그 가족은 전부 사망하였습니다. 우리도 겉으로 드러난 작은 죄는 회개하고 자복하나, 깊이 숨은 죄는 자복하지 않는 때가 있습니다. 말할 것도 없이, 누구든지 깊은 골방 속에 감추고 회개하지 않는 죄로 인하여 망하게 됩니다. 깊은 속 숨은 죄를 다 내어놓고 자복합시다.

마지막으로 우리는 죄에 대한 깊은 수술을 받아야 하겠습니다. 살 표면에 난 종기를 고치기는 쉬우나, 속으로 곪는 종기는 고치기 어렵습니다. 제가 십수 년 전에 심장마비로 고통을 당하였던 사실은 여러 부형모매父兄母妹들도 다 아시거니와, 그때 보통 의사는 다 그 증상을 알지 못하였습니다. 경성에 있던 커를너 의사가 진찰하여 보고, "내장에 고름이 들었으니, 어찌할 수 없이 급히 수술해야겠습니다"고 했습니다. 그래서 급히 기독병원에 입원하여 네 명의 의사가 붙들고 수술하니 내부에서 농이 다량으로 나왔습니다. 그 수술 전에 다른 사람들은 저의 극한 고통을 알지 못했습니다. 다른 이가 보기에는 그리 중병 같지 않았으나 저는 견딜 수 없는 심한 고통을 받았습니다. 그때 그 수술을 받지 않았다면 제 생명은 위태로웠을 것입니다.

우리도 죄에 대한 성신의 깊은 수술을 받읍시다. 통회痛悔 자복自服하고 기도하여 성령의 수술을 받읍시다. 사죄를 받는 방법은 두 가지뿐이니, 하나님을 믿기 전에 지은 죄는 회개하고 주를 믿고 받들어 사죄함을 받고, 입신 후에 범한 죄는 죄를 생각할 때마다 통회함으로 사죄함을 받는 것입니다.

요한일서 1장 9절에는 "만일 우리가 우리의 죄를 자백하면 그는 미쁘시고 의로우사 우리 죄를 사하시며 우리를 모든 불의에서 깨끗하게 하실 것이다" 하였습니다.

기도를 규칙적으로만 하지 말고, 우리 기도가 막히지 않기 위해 성신의 운동이 나타나 우리의 죄를 스스로 깨닫기 위해 기도합시다. 그리하여 죄를 깨닫고 아는 대로 죄를 고하고 기도합시다. 주님께 완전한 용서를 받기까지 노력합시다.

그리스도의 향기

내가 그리스도의 복음을 위하여 드로아에 이르매
주 안에서 문이 내게 열렸으되 내가 내 형제 디도를 만나지 못하므로
내 심령이 편하지 못하여 그들을 작별하고 마게도냐로 갔노라(고린도후서 2:12-13)

성경 중에 우리 믿는 신자를 가리키는 특별명사가 여러 가지 있는 것을 봅니다. 어떤 곳에는 '너희는 제사장이라' 하였고, 어떤 곳에는 '성전', '산 돌', '포도나무 가지', '세상의 빛', '세상의 소금'이라고도 하였습니다. 우리가 지금 읽은 이 성경 말씀 중에는 바울 선생이 특별히 '그리스도의 향기'라고 하였습니다.

저는 한의학을 공부한 경험이 있어서 향의 재료에 대하여 대강은 짐작할 수 있습니다. 향을 만들려면 여러 가지 약품이 합해져야 합니다. 구약성경의 출애굽기를 보면 성전에 항상 향을 피우게 하였으며, 그 재료도 많았습니다.

약용藥用이나 예배를 위한 향이 이처럼 몇 가지의 약품으로 조합해야 한다면, 우리 그리스도의 향기의 재료는 무엇일까요? 이에 대하여 갈라디아서 5장 22절 이하에서 향기의 재료를 분명히 말하였습니다.

거기 보니, "사랑과 희락과 화평과 오래참음과 자비와 양선과 충성과 온유와 절제"라 하였습니다. 그러면 그리스도의 향의 재료는 아홉 가지가 있는 것입니다. 이를 지혜롭게 잘 조합하면 곳곳에 날려 아름다운 향기로 나타나 그 향기의 효력은 지극히 클 것입니다.

그러면 우리는 다음으로 그 아름다운 향의 효력에 대하여 생각합시다. 향기라 하면 귀에 들리기에 대단히 부드럽게 들립니다. 그러면 그 효력, 곧 성질에 대하여 한번 생각해 봅시다.

소극적으로

이 향기는 '죽이는 역사'를 합니다. 좋은 향을 차고 다니면 모든 균이 죽고 학질瘧疾[1]을 근절할 것이니 곧 살균제입니다. 그러면 우리 그리스도의 향기도 죽이는 역사가 있으니 첫째로 죄를 죽입니다. 이 향기가 믿는 자나 안 믿는 자나 그 중심에 들어가기만 하면 모든 죄를 멸하고 없애는 것입니다. 둘째로

---

[1] 말라리아 병원충을 가진 모기에게 물려서 감염되는 전염병.

이 향기는 혈기, 성질, 악한 마음을 죽입니다. 이것은 악한 균과 같아서 접촉하는 곳마다 독을 주는 것입니다. 이 향기가 충만한 곳은 모든 마귀 분자가 견딜 수 없습니다.

적극적으로

이 향기는 '살리는 효력'을 가졌습니다. 의학상으로 중풍, 뇌출혈, 기절 같은 데에 큰 효력이 있습니다. 우리가 참 그리스도의 향기가 된다면 어떠할까요? 그 효력은 참으로 막대합니다. 첫째 사망으로 향하는 죄인을 구원하여 생명에 이르게 하므로 주의 영광을 나타내게 될 것이며, 둘째 낙심한 자를 일으켜 희망과 희열 가운데로 인도하게 될 것이며, 양심의 가책을 받는 자에게 평안을 주며, 셋째 교만한 자를 겸손케 하여 그리스도를 본받게 할 것입니다.

우리가 그리스도의 참된 향기가 되면 주의 봉사에 부족함이 없게 될 것입니다. 제가 한 사람을 아는데 그 사람은 언변이 그리 좋지는 못하나 자기의 덕행으로 많은 사람에게 감동을 주어 사망으로 가는 자들을 생명으로 인도하는 것을 보았습니다. 우리도 참 그리스도의 향기가 되어 가는 곳마다 주의 영광을 나타내기를 노력합시다.

오늘 이 자리에 계신 여러 형제자매여, 참된 그리스도의 향기가 되었습니까?

다음으로 그리스도의 향기의 사용법에 대하여 생각하고자 합니다. 향기라면 바람을 통하여 우리의 후각을 움직이게 할 것입니다. 그러면 그리스도의 향기 된 우리는 성신의 하늘바람을 통하여 어느 곳에든지 가서 그리스도를 소개해야겠습니다.

사도행전 2장을 보십시오. 그들이 성신의 충만함을 받아 땅끝까지 가서 그리스도의 복음을 전하지 않았습니까? 바람같이 임하셨다 하였으니 이 성신의 바람을 우리도 요구합니다. 그러면 이 향의 사용법을 알아봅시다.

1) 운동시켜야 합니다. 향을 장롱 속에 넣어 두면 결코 그 향기가 외부로 나가지 않습니다. 바람이 잘 부는 곳에 두어야 운동이 잘될 것입니다. 그러면 운동을 무엇으로, 또 어떻게 시켜야 할까요?

먼저 우리는 기도로 운동을 시켜야 합니다. 기도는 성도의 호흡입니다. 이로써 주 앞에까지 우리의 향기를 날려 보낼 수 있으며, 모든 사람 앞에 향기를 보낼 수 있는 것입니다. 우리가 말하는 신령한 능력이라 하는 것은 그 근원이 다 여기 있는 것입니다. 이 기도는 교직자뿐 아니라 학교 교사나 모든 사람이 다 필요한 것입니다. 어떤 사람은 지식적으로, 신비적으로, 의지적으로 믿으려 합니다. 그러나 우리는 기도를 믿으려 합니다. 지식의 향기는 그리 아름답지 못하나 기도의 향기는 아름답습니다. 오늘날 교회는 기도 없이 그리스도의 사업에 성공하고자 하나 다 실패할 것입니다.

다음으로 성경으로 운동해야 합니다. 우리 교우들을 보면 다른 무엇을 한다면 출석을 잘하여도, 성경공부를 한다면 안 옵니다. 세상의 모든 지식은 그리 인간에게 덕을 주지 못하여도, 성경은 만인의 글이며, 생명의 글입니다. 이것을 등한시하는 신자가 어찌 그리스도의 향기를 나타내겠습니까? 성경 지식의 향기는 아름답습니다. 우리가 기도하고 성경 보고 사람에게 권고하면 그들이 감동을 합니다.

셋째 전도함으로 운동을 시킬 것입니다. 30년 전에 성신의 불이 떨어졌을 때 저는 열광적으로 전도하는 많은 사람을 보았습니다. 그때에는 차 안에서나 거리에서나 상관없이 전도했습니다. 그러나 오늘날의 상황은 사뭇 다릅니다. 그전에는 수백 명이 모이던 교회가 오늘은 말할 수 없는 상태에 빠진 것을 보게 됩니다. 원인은 전도하지 않는 데에 있습니다. 우리도 전도를 받으므로 구원받은 것이 아닙니까? 그러면 전도는 타인에게 은혜를 줄 뿐 아니라 내게 은혜가 될 것입니다.

오늘날 교회 부흥의 방책은 오직 여기에 있습니다. 다니엘서 12장 3절을 보십시오. 거기에 "많은 사람을 옳은 데로 돌아오게 한 자는 별과 같이 영원토록 빛나리라" 하였습니다.

2) 불에 태워져야 합니다. 만일 불에 향을 던지지 않으면 그 향이 완전히 발휘하지 못하게 됩니다. 제가 조금 전에 말한 아홉 가지 향의 재료를 성신의 맹렬하게 타는 불에 던져볼까요? 아, 거기에는 형언할 수 없는 향기가 나타날 것입니다. 우리가 항상 그리스도의 향기를 나타내려면 성신의 불꽃 가운데에 꽂혀 있어야 할 것입니다. 향은 감동을 주는 것입니다. 멀리서라도 이것을 느낄 수 있습니다. 여기에 인공조화를 매우 아름답게 만들어서 살아 있는 꽃같이 두어 볼까요? 아무리 기다려도 벌과 나비는 오지 않을 것입니다. 그러나 살아 있는 꽃에는 청하지 않아도 잘 오는 것입니다.

우리가 그리스도의 참된 향기가 되었다면, 우리 좌우에서 죽어 가는 많은 사람이 주 앞으로 나아올 것이 아닌가요? 그러나 우리는 얼마나 무력한가요? 이 시간 우리에게 필요한 것은 성신이 오순절 때와 같이 강림하사 우리 전부가 변화되는 것입니다. 그리하여 주의 참된 향기가 되어 하나님과 사람 앞에 큰 영광이 되는 것입니다. 이제 우리 모두 주님을 믿고 성신 강림을 기도합시다.

그리스도 안에 있는 자의 3대 행복

이는 그리스도 예수 안에 있는 생명의 성령의 법이
죄와 사망의 법에서 너를 해방하였음이라 율법이 육신으로 말미암아
연약하여 할 수 없는 그것을 하나님은 하시나니
곧 죄로 말미암아 자기 아들을 죄 있는 육신의 모양으로 보내어
육신에 죄를 정하사 육신을 따르지 않고
그 영을 따라 행하는 우리에게 율법의 요구가 이루어지게 하려 하심이니라(로마서 8:2-4)

정죄함이 없다

로마서 6, 7장을 읽어 보면 바울 선생의 죄에 대한 싸움은 맹렬하고 심각하였습니다. "죄의 삯은 사망이라"는 말씀이나 "오호라 나는 곤고한 사람이로다"고 부르짖음은 영적으로 가장 깊이 있는 통성痛聲이요, 최대의 절규입니다. 죄악과 싸워 본 경험이 있는 자는 누구나 로마서 6, 7장의 바울의 영적인

전기傳記를 읽을 때 워털루 전투[1] 최후 5분의 전황을 보는 느낌을 받습니다. 이렇게 격전하던 바울이 문득 로마서 8장에 이르러 "그러므로 이제 그리스도 예수 안에 있는 자에게는 결코 정죄함이 없느니라"고 자신 있게 말한 것은 만고萬古로부터 내려오는 대승리의 소식입니다.

'그러므로'라는 말은 꼬–데[2] 같은 대주석가 외 여러 학자들이 7장과 8장을 연결하는 말이라고 합니다. 그러나, 1장부터 8장까지의 전체를 연결하는 말도 될 수 있고, 5-7장의 뜻을 계승한 말로 볼 수도 있습니다.

'이제'라고 한 때는 어느 때인가요? 아브라함에게 허락한 메시아 예수가 강림한 '이제'요, 예수가 십자가에 죽고 부활 승천한 '이제'요, 바울이 회개하고 믿는 '이제'입니다. 죄로 더불어 싸워 이긴 '이제'입니다. '그러므로' '이제' "그리스도 예수 안에 있는 자에게는 정죄함이 없습니다." 완전히 그리스도의 것이 된 자에게는 죄의 지배, 죄의 벌, 죄의 공포감이 없습니다. "오호라, 나는 곤고한 사람이로다" 하는 경험이 있는 영에는 "그리스도 안에 있는 자에게는 정죄함이 없다"는 밀씀이 최대의 기쁜 소식이 아닐 수 없습니다.

---

[1] 1815년 나폴레옹의 '백일천하'에 종지부를 찍은 전투.
[2] 과거의 유명한 성경 주석가인 듯하나, 구체적으로 누구인지는 알기 어렵다.

이를 비유로 말하면 기차 안에 있는 자를 잡으려면 먼저 기차를 잡지 않고는 할 수 없는 것처럼, 예수 안에 있는 자를 정죄하려면 먼저 예수를 정죄하지 않고는 불가능합니다. 그런데 예수는 절대 무죄하십니다. 우리의 죄를 대신하고도 남음이 있어 이기고 부활하셨습니다. 부활하신 예수를 다시 정죄할 수가 없나니 그의 안에 있는 자에게 정죄할 수 없습니다.

성안에 숨은 자를 성을 헐지 않고는 잡을 수 없나니, 예수는 나의 산성입니다. 영원히 함락되지 않는 산성입니다. 예수는 나의 도피성입니다. 든든하여 영원히 흔들리지 않는 도피성입니다. 이 산성이, 도피성이 함락되지 않는 한, 성안에 있는 나는 안전합니다. 도피성에서 한 발자국만 떨어져 있어도 죽을 죄인이었으나 도피성 안에서는 죄인이 아닙니다. 예수 밖에서는 멸망할 죄인이었으나 '이제' 예수 안에서는 영생의 의인입니다.

"누가 능히 하나님께서 택하신 자들을 고발하리요 의롭다 하신 이는 하나님이시니 누가 정죄하리요 죽으실 뿐 아니라 다시 살아나신 이는 그리스도 예수시니 그는 하나님 우편에 계신 자요 우리를 위하여 간구하시는 자시니라"(로마서 8:33-34).

이것이 그리스도 안에 있는 자의 첫째 행복입니다.

죽음의 길에서 벗어남

"그리스도 예수 안에 있는 생명의 성령의 법이 죄와 사망의 법에서 너를 해방하였음이라"고 하신 말씀은 8장 1절에 "정죄함이 없다"는 말씀의 해설인 동시에 사망의 법에서 해방되는 한 가지 방법을 더 가르쳐주는 말씀입니다. 그래서 죽음의 길에서 벗어나는 것은 그리스도 안에 있는 자의 둘째 행복입니다.

'죄와 사망의 법'이라는 말씀의 '법'은 법칙 혹은 원리입니다. 인간은 죄의 법칙, 사망의 원리에서 나고 죽고 합니다. 면치 못할 원리요 법칙입니다. 기차는 두 궤도를 통하여서만 진행할 수 있는 것처럼, 사람은 죄와 사망의 두 궤도를 벗어나지 못합니다. 죄와 사망의 궤도의 방향은 음부요, 종점은 지옥입니다. 어리석은 남자와 여자도 이 두 궤도를 벗어나지 못하고, 성인군자도 이 두 법칙을 벗어나지 못하나니, 사람은 다 죄인이요 다 죽을 자입니다.

"오호라 나는 곤고한 사람이로다 이 사망의 몸에서 누가 나를 건져내랴"(로마서 7:24).

사람이 능히 못하는 것을, 율법의 힘으로 능히 못하는 것을 하나님은 하시나니, 그 아들 예수 그리스도의 십자가로 할 수 있습니다. 그리스도 예수 안에 있는 생명의 성신으로, 법으로 할 수 있습니다.

이는 죄와 사망의 늪으로 돌진하는 기차가 반대 방면의 생명의 선과 성신의 선에서 나오던 다른 큰 기차에 충돌하여 전복되었습니다. 그래서 생명의 궤도와 성신의 궤도로 통하는 새 선로, 새 기차로 옮겨 타는 것과 같습니다. '생명의 법'과 '사망의 법'의 충돌에서, '성신의 법'과 '죄의 법'의 충돌에서 예수는 죽으셨으나, 예수께서 부활하심으로 생명의 법이 승리하였고 성신의 법으로 전진하는 것입니다. 우리도 이 충돌에서 예전 죄의 법으로는 전복되고, 새로 성신의 법으로 사는 것입니다.

그러므로 이제 그리스도 예수 안에 있는 자는 죄와 사망의 궤도에서 벗어나고, 생명과 성신의 궤도로 전진합니다. 아담은 죄와 사망의 법으로 내려오고, 예수는 생명과 성신의 법으로 오셨으니 누구든지 아담에게서 난 자는 아담의 선로로 돌진하는 자이나, 예수 안에 있는 자는 예수의 선로로 나갈 것입니다. 이 생명의 성신의 선로는 그 방향이 하늘에 있고, 그 종점이 무궁한 안식의 세계에까지입니다.

의義의 만족

이에 그 육신을 따라 행치 아니하고 성신을 따라 행하는 우리에게는 율법의 의가 충만케 하시는 것이니, 의의 만족이 예수 안에 있는 자의 셋째 행복입니다.

육을 따라 행치 않는 자는 곧 죄와 죄의 선로로 나아가지 않는 자, 성신을 따라 행하는 자, 곧 생명의 성신의 선로로 나아가는 자입니다. 이런 사람에게 의의 완성을 주시는 것입니다. 여기에서 '율법의 의'란 유대인의 의식범절이나 모세의 율법에 제한된 것이 아니요, "내가 율법을 폐하러 온 것이 아니요 완전하게 하려 함이라"고 하신 예수의 천국 율법입니다. 율법으로 의로워진다는 말씀이 아니요, 율법이 보여 주는 의라는 말입니다. 이는 예수의 십자가로 받을 수 있는 의요, 성신으로만 완성될 수 있는 의입니다. 이는 '의 사모하기'를 목마르고 주림과 같이 갈구하는 자에게 배불리 주시는 의입니다.

그리스도인에게는 정죄함이 없고, 죽음의 길에서 벗어나는 것과 같은 소극적인 면뿐 아니라 의의 만족에 도달하는 적극적인 방면이 있습니다. 기차에 다시 비유한다면, 죽음의 길에서 벗어나는 빈 기차가 아니라 생명의 길로 전진하는 정의를 가득 실은 기차입니다.

인류는 죄의 선로로 돌진하면서도 얼굴에는 정의에 대한 공포가 있고, 마음 깊은 곳에는 의의 요구가 있습니다.

"오직 정의를 물 같이, 공의를 마르지 않는 강같이 흐르게 할지어다"(아모스 5:24).

　세상 사람들이 하나님을 떠났습니다. 의가 없이 육의 선로로 나아 갑니다. 그들에게는 의가 없는 것이나, 이제 그리스도 예수 안에 있는 자에게는 의를 주실 것이요, 성신의 선로로 나아가는 우리에게 의를 충만케 하실 것입니다.

성도의 5대 요강要綱

고린도전서 4장

> 사람이 마땅히 우리를 그리스도의 일꾼이요
> 하나님의 비밀을 맡은 자로 여길지어다
> 그리고 맡은 자들에게 구할 것은 충성이니라(고린도전서 4:1-2)

세상에 어떤 물품이든지 제조할 때에 모형이 있나니, 모형 없이는 완전한 물건이 될 수 없습니다. 마찬가지로 성도는 그리스도를 모범으로 삼아 살 때 완전한 성도가 되는 것입니다. 그런즉 우리는 성도가 마땅히 따라야 할 5대 요강要綱, 즉 성도에게 가장 중요한 다섯 가지 사항을 일일이 말하고자 합니다.

언어

'말'의 모범은 성도가 갖춰야 할 요소가 됩니다. 말로써 복음을 전할 수도 있고, 말로써 사악한 마귀를 쫓을 수도 있고, 말로써 사람을 감화할 수도 있는 반면에, 말로써 일신一身, 일가一家, 일국一國을 망하게 할 수도 있습니다. 사탄은 간사한 말로 신과 사람 사이에 멸망을 가져왔으며, 지나支那 육국六國 시대[1]에 연설가요 정치가였던 소진蘇秦은 세치 혀로 6개의 나라를 평화롭게 하고 6개 나라의 재상이 되었습니다. 칼로 사람을 죽이는 것과 말로 살인함이 어떻게 차이가 있는가 하면 이렇습니다. 병기로 살인함은 유한하여 몇 사람에 불과하지만, 말로는 능히 전 세계 사람을 죽일 수 있으니 말은 병기보다 더욱 심합니다. 그러므로 야고보는 혀를 가리켜 '우리 지체 안에 있는 불의의 세계'(야고보서 3:6)라 하였으며, 바울은 하나님의 말씀을 가리켜 '자유로 사용하는 의의 병기'라 하였고, 히브리 서신에는 '양날 가진 검'(히브리서 4:12)이라 하였습니다.

세상에 불평과 충돌이 있으며, 가정에 불화가 있으며, 사회나 국가에 어수선하고 소란스러운 일이 많은데, 그 원인을 살피면 반 이상이 말로 인한 것이었습니다. 실로 말로써 천하를 어지럽게 합니다. 더군다나 교회 내에 종종 말썽이 많고 시끄러운 사건이 일어나는데, 제가 40년간 믿고 20여 년간

---

[1] 중국 춘추전국시대(BC 770-221) 중 전국시대의 중반부로서 소진과 장의 등의 인물이 활동하던 시기. 강국인 진나라에 대항하여 여섯 개 국가가 연합하려고 했던 때를 가리킨다.

교역자로서 경험하고 살펴본즉 모든 불상사의 원인이 말에서 생깁니다. 아! 말은 다른 사람을 멸망시키고, 자기 생명을 망하게 할 수 있습니다. 그러므로 성도는 말을 삼가고 말에 모범이 되어야 합니다. 베드로는 "생명을 사랑하고 좋은 날 보기를 원하는 자는 혀를 금하여 악한 말을 그치며 그 입술로 거짓을 말하지 말라"(베드로전서 3:10) 하였습니다.

현재 신자 중에도 그럴듯한 거짓말을 수시로 잘하는 이가 있는데, 참말 같으나 거짓말인 경우가 있습니다. 어떤 농부가 하루는 소를 내놓아 팔려고 시장으로 가는 길에 한 친구를 만났습니다.

"그대는 어디로 가는가?"

"나는 소를 팔러 시장에 가네."

"아, 그런가? 나는 소를 한 마리 사려고 시장에 가는 길일세."

피차에 소에 대한 여러 가지 문답이 끝나고 값을 정하여 매매되었습니다. 작별할 때 판 자가 산 자더러 말하되 "그 소가 다 좋으나, 한 가지 흠이 있으니 알아 두게. 그 소가 나무에 올라가지 않는 것이 흠이라면 흠일세" 하였습니다. 산 자가 "소가 나무에 올라가지 않는 것만은 별 큰 흠이 아닐세" 하고 그냥 사서 집으로 돌아간 후 경작도 질하고, 짐도 잘 싣고,

성질도 순하므로 아주 마음에 흡족하였습니다.

하루는 소금 짐을 싣고 큰 강을 건너게 되어 나룻배에 올라가려 할 때 이 소가 절대로 오르지 않고 소금 짐을 벗어 버리고 산으로 도망하였습니다. 이 사람은 천신만고千辛萬苦하여 소를 잡아 온 이튿날 소를 판 친구를 찾아갔습니다.

"그 소가 이런 큰 흠이 있는데, 친구 간 도리에 어찌 알게 하지 않았는가?" 하고 질책하였습니다.

그러한즉, 그 친구 대답이 "아, 그때 내가 왜 자세히 말하지 않았는가? 그 소가 다 좋으나 흠이 한 가지 있는데 나무에 올라가지 않는다고 했지? 나룻배는 나무로 만든 것이 아닌가?" 하였습니다. 이같이 참말인 동시에 거짓말이 되는 경우가 많습니다.

교인 중에 교역자의 흠을 잡기 위해 참된 거짓말을 이렇게 합니다.

"그 목사가 주일에 길을 많이 다닌다."[2]

물론 이 목사는 주일에 병자와 낙심한 자를 심방하기 위해 길을 많이 다녔으나, 그 목사를 미워하는 자는 재간 있는 거짓말을 꾸며 내어 사람들을 속이고 불평을 일으키는 일이 한

---

2 주일을 엄격하게 지키던 때라 주일에 많이 돌아다니는 것도 주일을 범하는 것으로 여겼다.

둘이 아닙니다. (중략)[3]

우리는 참되게 말하는데도 조심하지 않으므로 크게 실수하는 때가 있으니, 사랑하는 손자가 죽어서 우는 조부에게 아이 모친이 위로한다고 하는 말이 "아버님, 울지 마십시오. 제가 이 죽은 아이 같은 아이를 또 낳겠습니다"고 하였답니다.

말로써 사는 길로 인도하는 자도 있고, 같은 말로도 죽는 길로 인도하는 일이 있습니다. 가령 제가 몇 년 전에 심장병으로 위험하게 고통받을 때 조선 부인들이 문병하는 말과 서양 선교사의 문병하는 말을 들어 보았습니다. 조선 사람은 퍽 걱정하고 큰 근심과 염려스러운 이야기로 "애개개, 저 목사님 얼굴이 그동안 퍽 상하였구먼. 얼굴이 반쪽이 되었어. 아, 저 얼굴을 봐. 어찌하나!" 하였습니다. 이 말을 들을 때에는 '너는 곧 죽을 놈'이라는 말 같이 들렸습니다. 선교사들이 기쁜 얼굴로 "아, 목사님 얼굴이 좋아져 갑니다. 아, 어제보다 좋아 보입니다" 하는 말을 들을 적에는 희망이 생기고 안심이 되었습니다. 그러므로 말은 슬픈 일 당할 때 실수하기 쉽고, 또 기쁜 일 당할 때 실수하기 쉽습니다. 인격은 말로 말미암아 향상되기도 하고, 말 한마디로 그 인격의 비열함이 드러나기도 하니 성도는 마땅히 언어의 모범이 되기를 바랍니다.

---

3 이 설교문의 출처인 최인화의 《길선주 목사 설교집》에 기록되어 있는 대로 옮겨왔다.

행실

옛적 어떤 선생이 육십여 명의 제자를 데리고 전도하러 가서 도시의 큰 길거리를 순회하였습니다. 그러나 "예수 믿으시오"라는 말은 한마디도 하지 않고 돌아왔습니다. 이같이 무언순행無言巡行(말없이 두루 살피며 돌아다니는 일)을 4-5차례 하자 제자 중의 한 명이 "선생님, 거리에 전도하자고 나가서 한마디 말씀도 하지 않으심은 무슨 까닭입니까?"라고 물었습니다. 이에 선생은 "내가 거리를 몇 번 순례하였으니, 벌써 시가에 전도가 되었느니라. 돌아오는 주일을 지켜보자" 하였습니다. 다음 주일 선생이 설교한 후에 새로 믿기로 결심한 자를 물으니, 과연 많은 사람이 선생의 순행을 보고 감화하여 믿기를 작정하노라고 하였습니다.

우리도 말보다는 행위로써 그리스도의 향기를 곳곳에 드러냅시다. 어떤 신자는 말은 잘하나 가정에서나 평상시의 행위가 불량한 사람이 많습니다.

제가 전도할 때 이런 말을 흔히 듣습니다.

"예수 믿으면 어떻소?"

"예수 믿으면 세상에서 의로운 사람이 되고, 이후 세상에서 천당 복을 받습니다."

그러자 아무개가 "목사님, 그런 말씀 그만두세요. 천당에 간다는 말씀은 무식한 백성이 과학적 합리적 근거도 없는 것을 맹목적으로 믿을 수 있을지 모르나, 이 세상에서 의인 된다는 말씀은 그만두세요. 수십 년 믿었다는 교회 장로, 목사들의 행위를 보면 도덕군자가 돼야 했을 그들이 오히려 가정 불화와 교회에서 싸우고, 시기하고, 물고 찢는 일이 더 많고, 혈기, 시기, 사기, 쟁투가 더 많으니 세상에서 의인이 된다는 말씀은 마세요" 합니다.

형제자매여! 열 번 말하는 것보다 한 번 선한 행위를 보여서 빛이 됩시다. 아무쪼록 예수에게 욕을 돌리는 신자가 되지 맙시다.

사랑

사랑이 없으면 안 된다는 여러 가지 말씀은 고린도전서 13장에 자세히 말씀하였습니다. 믿음, 소망, 사랑 중에 제일은 사랑입니다. "하나님은 사랑"이라 하셨고, "새 계명을 너희에게 주노니 서로 사랑하라"(요한복음 13:34) 말씀하셨는데, 서로 분쟁하고, 물고, 차고, 싸움하는 자는 마귀의 자식인 증거입니다.

하나님의 자녀들은 형제를 사랑합니다. 형제를 사랑하지 않는 자는 마귀의 자식이요, 형제를 미워하는 자는 어두운 가운데 있나니, 어두운 곳은 곧 지옥입니다. 사랑 없는 곳은 지옥입니다. 정신지옥, 심리지옥은 다 사랑이 없는 상태입니다. 모든 불평은 사랑이 없어 생깁니다. 사랑 있는 곳은 천당이요, 사랑 있는 땅은 낙원이요, 천당에는 사랑이 공기가 됩니다. 만일 천당에 사는 성도들에게 사랑이 없다면, 저는 그곳에 가기를 원치 않습니다. 가인은 아우를 미워하여 죽였으나, 주님은 원수까지도 사랑하라고 하셨습니다. 그런데 오늘날의 교인들은 왜 서로 미워합니까?

몇 해 전에 저는 감옥에 3년여 동안 있었습니다. 그때 제가 30년 교역한 것을 곰곰이 생각하였습니다. 이전에 제가 성신 권능을 달라고 기도하여서 과연 권능도 받고 행하였습니다. 다시 생각하니 권능은 다른 사람을 위한 것이지 나를 수양修養한 것은 없었습니다. 모세가 권능으로 이스라엘 백성을 인도하여 이적과 기사를 행하였지만, 하나님은 모세가 가나안에 들어갈 것을 허락하지 않으셨으니 이적과 기사가 자기에게 무슨 덕이 되었습니까? 주 재림하실 때 이적과 기사 행한 것을 말할지라도 주님의 물리치심을 받을 것입니다. 주의 이름에 권능이 있으니, 주의 제자가 아닌 자라도 주의 이름으로 능히 행할 수 있습니다. 바울은 이적과 기사를 행하는 권능이 있었습니다. 그러나 그는 권능을 버리고 자기의 본능을 원하였습니다. 권능은 하나님의 능력이요, 사랑은 자기의 본능이기 때문입니다.

저는 삼십여 년 동안 무엇을 했습니까? 제가 어디 가서 부흥회를 하였다면, 그것은 성신의 능력으로 한 것이요, 제 본능으로 한 것이 아닙니다. 지금은 제가 이렇게 기도합니다.

"주여, 주의 사랑의 은사를 저에게 주옵소서. 저의 가정과 형제를 사랑하게 하시며 저의 교회를 사랑하게 하사 사랑의 능력을 주옵소서."

아무리 학식이 많고 재주가 있고 인격이 있어도 사랑이 없으면, 그런 학식, 재주, 인격이 제게 있으면 있었지 다른 사람에게 무슨 덕이 되겠습니까? 오히려 교만하고, 다른 사람을 업신여기고, 속이고 해할 수 있습니다. 다만 사랑이 있어야 이것이 내게 능력이 되는 동시에 다른 사람을 구할 수 있는 것입니다.

믿음

믿음은 세상을 이기는 능력입니다. 믿음이 없으면 하나님을 기쁘시게 할 수 없습니다. 현대 교인의 신앙 상태는 공허합니다. 가령 교회에서 목사를 선택할 때 이런 조건을 많이 말합니다. 교제가 능한가? 지식이 풍부한가? 영어에 능통한가? 인격이 있는가? 이처럼 여러 가지 조건을 말하지만, 믿음이 있는가 하는 큰 문제는 별로 중대시하지 않는 현상입니다.

아무리 과학지식이 발명되고, 지식이 진보되며, 전기와 기계와 모든 문명의 이기가 다 발명되어도 이것으로 구원함을 얻지는 못합니다. 믿음으로야 영혼을 구원할 수 있는 것입니다. 일꾼들이 흔히 수단과 방법, 재주를 써서 성공을 꾀하지만, 성공의 큰 원인은 신앙 그것입니다. 그만한 수단이나 방법은 어느 누가 없겠습니까? 오직 귀한 것은 믿음이니 믿음에 모범이 되어야 합니다.

성결

천국, 새 예루살렘 성城의 간판에는 이렇게 쓰여 있습니다. "무엇이든지 속된 것이나 가증한 일 또는 거짓말하는 자는 결코 그리로 들어가지 못하되 오직 어린 양의 생명책에 기록된 자들만 들어가리라"(요한계시록 21:27). 아버지도 거룩하시고, 예수님도 성신도 거룩하십니다. 또 "내가 거룩하니 너희도 거룩할지어다"(레위기 11:45) 하였습니다.

어머니가 아들을 사랑하기는 하지만 아이가 더러운 곳에 넘어져서 몸을 더럽히고 얼굴을 더럽혔으면 물로 목욕시켜 깨끗이 씻어 준 후에야 안아 주고 입맞춤하지 않습니까? 하나님이 우리를 사랑하지만, 우리의 마음이 더럽고 거룩하지 못하면 하나님께서 물리치실 것입니다.

   제가 집에서 개 한 마리를 길렀습니다. 이 개는 매우 영리하고 유순하고 잘 뛰므로 제가 퍽 사랑하고, 개도 저를 만날 때마다 뛰어와서 반기곤 하였습니다. 하루는 이 개가 어떤 길가에서 어린아이의 배설물을 먹다가 나를 멀리서 보고 달려와서 껑충껑충 뛰면서 저를 가까이하려 할 때, 저는 이를 용납하지 않고 발로 차 버렸습니다. 그 입이 더러운 까닭입니다.

   우리가 하나님을 사랑하는 것은 사실이라 할지라도, 우리 마음과 입술이 더러우면 하나님의 배척을 면치 못할 것입니다. 우리는 하나님의 자녀이므로 거룩한 생활로 하나님을 영화롭게 하여야 합니다.

신자의 세 가지 본분

너는 진리의 말씀을 옳게 분별하며 부끄러울 것이 없는 일꾼으로 인정된 자로
자신을 하나님 앞에 드리기를 힘쓰라(디모데후서 2:15)

바울은 청년 동역자에게 권면하는 말씀 가운데에 신자가 지켜야 할 세 가지 본분을 가르쳤습니다. 첫째는 하나님의 기뻐하는 자로 살아갈 것, 둘째는 부끄러울 것이 없는 일꾼이 될 것, 셋째는 진리의 말씀을 분별하라고 하셨습니다.

사람의 신체는 비록 억 조의 단세포와 70여 개의 원소로 구성되어 온몸이 각각 역할이 있는 것이로되 '정精, 기氣, 신神'[1] 이 세 가지 요소가 꼭 필요한 근원이 된 것과 같이, 신앙 생활의 지켜야 할 모든 행위와 예절의 자세한 규칙과 법이 비록 많을지라도 여기서 말하는 세 가지 본분을 지키면 그 요령

---

1 도교(道敎)의 삼보(三寶). 각각 하단전, 중단전, 상단전에서 응집되는 것으로 생명을 유지하는 데 필수적인 것이다.

을 얻는 것입니다. 사람의 정, 기, 신, 이 세 자를 분리할 수 없는 것과 같이 신자의 이 세 가지 본분도 분리하지 못할 것이요, 다 한결같이 지킬 본분입니다.

하나님이 기뻐하실 자

세상을 가리켜 고통의 바다와 눈물의 골짜기라 하거니와, 인간 생활의 내면은 이 문자 이상의 비참한 것이 있습니다. 인간 세상이 어찌하여 이렇듯이 비참한 구렁텅이가 되었습니까? 성경을 믿는 자는 서슴지 않고 인간이 범죄한 결과라고 할 것입니다. 범죄한 인생이 하늘 아버지의 진노 아래에 있는 것이니, 어찌 소망이 있고 기쁨이 있겠습니까. 멸망과 고통이 그 길에 있을 뿐입니다(시편 14편).

제가 여덟 살 때 글방인 사숙에서 공부하고 저녁에 집으로 돌아올 때마다, 저의 아버님이 문에 의지하여 기다리다가 저를 맞으면 희색이 만연한 얼굴로 축복하시니 그때 저의 기쁨은 비길 데 없었습니다. 하지만 제가 어느 날 이웃집 동창 학생을 머리로 받아서 코피를 내었더니, 그 학생이 울면서 저희 집에 달려가 저의 부친께 저의 비행을 고발했습니다. 부친은 그 학생을 잘 위로하여 보내고, 저의 비행에 크게 노하셨습니다. 저는 그날도 여전히 기쁘게 부친의 자비한 안색을 그리워하면서 집에 돌아왔더니, 어찌 생각이나 했겠습니까. 저의 부친이 노기등등하여 저를 노려볼 때 저의 모든 희망과 기쁨은 공포와 절망으로 변하여 밥도 못 먹고 고민 중에 밤을 새웠습니다.

어릴 때의 이 기억은 오늘까지도 분명하여 신앙에 교훈이 됩니다. 어찌하여 모든 날 저의 소망과 기쁨이 변하여 공포와 절망이 되었습니까? 그것은 제 아버지가 기뻐하여 제가 기뻤고, 저의 부친이 노하여 저는 몹시 두려워하고 절망했기 때문입니다. 전에 저의 부친이 기뻐한 것은 저의 순종으로 인함이고, 후에 저의 부친이 노여워한 것은 저의 비행 때문입니다. 이처럼 우리의 죄로 하늘 아버지의 진노를 받게 되었습니다.

인생이 비록 황금의 힘으로 즐겁고자 하나 부는 도리어 노고를 더하고, 권력으로 기뻐하고자 하나 권력은 도리어 화를 부르기 쉽고, 육의 행락行樂을 탐하나 과도한 육체적 쾌락은 자멸하는 재앙을 초래하는 것입니다. 그리하여 비참한 세상은 더욱 비참한 지경에 떨어져 갑니다.

신자는 먼저 하나님을 기쁘게 하여야 자신에게도 위안과 희열이 이르는 것입니다. 어떻게 하나님을 기쁘게 할까요?

첫째는 믿음입니다. 바울은 "믿음이 없이는 하나님을 기쁘시게 못하나니 하나님께 나아가는 자는 반드시 그가 계신 것과 또한 그가 자기를 찾는 자들에게 상 주시는 이심을 믿어야 할지니라"(히브리서 11:6)고 가르쳤습니다. 또한 바울은 빌립보 사람들에게 편지하여 자신은 극히 곤란한 중에도 성신으로 기뻐하는 것을 증거하였습니다. 이는 다 신앙의 기쁨이니, 우리의 믿음이 하나님을 기쁘게 하고, 우리에게 진정한 희열이 될 것입니다.

둘째는 순종입니다. 사무엘은 "여호와께서 번제와 다른 제사를 기뻐하시기를 그의 목소리를 청종하는 것만큼 기뻐하겠느냐"(사무엘상 15:22)고 가르치며 거역하는 사울 왕을 경책하였습니다. 모름지기 신자는 예배를 올리려 하거든 먼저 순종하십시오. 번제와 제사가 하나님을 기쁘게 하는 것이 아니라, 순종이 하나님을 기쁘게 하는 것입니다.

셋째는 긍휼히 여김입니다. 하나님은 긍휼히 여김을 기뻐하시고 제사를 기뻐하지 않으십니다(마태복음 9:13). 긍휼히 여김이 없는 자의 예배를 하나님이 어찌 기뻐하시겠습니까? 긍휼히 여기는 자는 복이 있나니 그들이 또한 긍휼히 여김을 받을 것입니다. 따라서 하나님을 기쁘게 하는 자는 마땅히 믿음과 순종과 긍휼히 여김으로 신앙생활을 해야 할 것입니다.

부끄러움이 없는 일꾼

세상에는 부끄러움을 아는 사람이 있고 부끄러움을 모르는 사람이 있습니다. 부끄러움을 아는 사람은 자기가 전에 지은 죄나 결함을 자성하여 부끄러워할 줄 아는 사람입니다. 이런 사람은 회개하기 쉽고, 부끄러움을 모르는 사람은 어떠한 죄를 범하였을지라도 반성할 줄 모르는 파렴치의 무리입니다. 이러한 사람은 하우불이下愚不移(아주 어리석고 못난 사람의 기질은 변하지 않음)라 하는 것같이 회개하기 어렵습니다. 그런데 여기 '부끄러울 것이 없는 일꾼'이라 함은 체면을 차릴 줄 알고 부끄러움을 아는 신앙인으로, 성역에 들어가 우러러 하나님께 부끄러워한 바가 없고, 굽어서는 인류에게 부끄러워할 바가 없음을 말하는 것입니다.

인간이 부끄러워할 바 없다는 말은 죄를 말하는 것이니, 아담과 하와가 범죄하기 전에는 영광 중에 있어 하나님 앞에서도 부끄러워할 바 없더니, 한 번 범죄한 이후는 하나님의 음성에 부끄러움을 느껴 나무 사이에 숨지 않을 수 없었으며, 몸에서 영광 중의 가림이 이미 떠나가 벌거벗은 수치를 면할 수 없었습니다.

마음속에 시기와 교만이 있으면서 어찌 부끄러워하지 않습니까? 거짓말과 음해를 버리지 않고도 오히려 부끄러운 마음이 없다면, 그는 영으로는 죽은 자입니다.

사무엘은 20년간 이스라엘의 사사로, 또 제사장으로 있다가 그 직을 그만둘 때 하나님과 사람 앞에서 "내가 누구의 소나 나귀 새끼를 빼앗았느냐? 누구를 속였느냐? 누구를 압박하였느냐? 내 눈을 가리는 뇌물을 누구에게 받았느냐?"라고 대답하게 말할 수 있었습니다. 사무엘을 가리켜 참 '부끄러움이 없는 일꾼'이라 하겠습니다.

"나의 간절한 기대와 소망을 따라 아무 일에든지 부끄러워하지 아니하고 지금도 전과 같이 온전히 담대하여 살든지 죽든지 내 몸에서 그리스도가 존귀하게 되게 하려 하나니"(빌립보서 1:20). 이 같은 사도 바울의 백발 만년의 신앙생활과 전도 정신은 참 장엄하고도 선하고 아름다운 것이었습니다. 바울은 이러하여 후배에게 부끄러움이 없는 일꾼이 되라고 권고할 수 있었습니다.

부끄러움이 없는 일꾼이 되려면 첫째 열심으로 주를 봉사하여야 할 것이요(로마서 12:11), 둘째 충성되어야 할 것입니다(고린도전서 4:2).

진리를 분별하라

'나라를 어지럽히는 불충한 무리가 어느 시대인들 없겠는가'[2] 라는 말이 있습니다. 양의 탈을 쓴 늑대의 거짓 스승과 거짓으로 따르는 무리가 또한 어느 시대엔들 없었겠습니까? 열두 사도가 있던 시대에도 거짓 선지자의 출몰이 있었고, 비非 복음 운동이 있었기 때문에 바울이 사랑하는 제자에게 이와 같은 부탁을 하신 것입니다.

오순절을 경험한 초대 교회도 진리를 분별할 능력이 필요했다면, 오순절이 지난 지 거의 2,000년이나 되는 현대에는 진리 수호의 필요가 더욱 큰 것입니다. 제가 알기로는 오늘날 비-진리의 역사와 비-복음운동이 성하여 가고 있습니다. 사이비 운동은 번번이 주의 양을 삼키고 교회를 어지럽게 합니다. 위조화폐는 진짜 화폐와 흡사하고, 인조금은 순금과 거의 다르지 않은 것 같이, 거짓 스승의 말은 매사에 바른 스승의 교훈보다 아름다운 말이어서 신자가 미혹 받기 쉽고, 비-진리의 주장은 바른 복음의 신앙보다 더욱 합리성을 갖추고 현시대성을 반영해서 교회를 미혹하고 어지럽히기 쉬운 것입니다. 이는 교회의 역사가 증거하는 바가 아닙니까?

어떠한 때에는 내부에 문란을 일으키고, 어떤 때에는 악한

---

[2] 난신적자 하대무지(亂臣賊者何代無之)

정치가의 검은 손에 이용되어 무참한 피를 흘리기가 몇 번입니까? 진리를 분별하지 못하는 폐해는 실로 막대한 것입니다.

오늘날 교회는 어떠합니까? 예수를 한갓 역사적 인물로만 숭배하는 교인도 많고, 교회에서 가르치는 지위에 있는 사람들 중에 유니테리언Unitarians[3] 신앙을 가진 자도 없지 않습니다. 예수를 참으로 모르니, 그 외의 일을 논하여 무엇 하겠습니까? 바벨탑이라는 단어의 뜻은 여러 가지가 뒤섞여 있음을 의미합니다. 진리의 바벨은 그 폐해가 얼마나 크겠습니까?

요한계시록 12장에 "붉은 용이 여인이 낳은 아이를 핍박한다"고 함은 사탄이 교회를 핍박할 것을 말씀합니다. 사탄은 교회를 핍박하는 것뿐만 아니라, 거짓 스승을 자기의 사자로 일으켜 진리를 여러 가지로 뒤섞이게 하는 것이 더욱 놀랄만한 일입니다. 교회가 이 시대에 핍박을 받는 것은 붉은 용, 곧 사탄의 일의 하나요, 거짓 스승으로서 진리를 착란하게 하여 교인의 신앙을 무너뜨리는 것을 더욱 힘쓰는 것인즉, 신자나 교역자는 정신을 차리고 깨어 있지 않으면 안 됩니다.

오늘날 교회에서 이런저런 사업이라는 이름 하에서 진리를 그르치기 쉽습니다. 저는 어떤 교회에서 전도회로 모여 모은 돈으로 '교육도 전도의 하나'라는 미명하에 야학교 경비로

---

[3] 삼위일체론과 그리스도의 신성을 부정하며 신격의 단일성을 주장하는 사람들을 뜻한다.

쓰는 것을 보았습니다. 교육이 비록 좋은 것이로되 교육은 교육이요, 전도는 전도입니다. 문맹퇴치가 급선무가 아님은 아니나 야학교는 야학교요, 전도회는 전도회입니다. 이는 작은 예에 불과하지만, 오늘날에 교회가 이와 같은 미로에 빠지는 일이 많습니다. 총회나 노회나 지교회가 주님께 부탁받은 것이 무엇인지를 항상 명심하고 교훈을 마음에 간직하여 잠시도 잊지 말고 지켜야 합니다.

진리를 분별함에는 첫째 성경말씀을 묵상하고, 둘째 진리를 명심하고, 셋째 시대의 사상을 잘 살펴보아 자기도 신앙에 확실히 서고, 또한 교우로 하여금 그릇된 길에 미혹되지 않도록 지도해야 합니다.

성령의 은혜를 옳게 분별하라

한 뿌리의 나무에 꽃은 붉고 나뭇잎은 푸르다
여러분, 화단에 아름다운 꽃이 피는 것을 보십시오. 하얀 국화같이 흰 꽃도 있고, 월계같이 붉은 꽃도 피며, 봄날에 많이 피는 꽃 중에는 매화같이 누른 것이며, 이화같이 결백한 것, 복사나무의 꽃같이 붉은 것이 각각 제 빛이 있는 것입니다.

같은 흙에 뿌리박고, 같은 날에 햇빛 받고, 같은 바람, 같은 비와 이슬에 자란 나무와 꽃이 어찌 그리 다른지 이상하지 않습니까? 붉은 꽃이 다른 꽃 더러 이르되 "꽃은 본래 붉으니, 희고 누른 것은 꽃이 아니라" 하겠습니까? 꽃은 붉고 송죽은 푸르나니, 송죽이 꽃 더러 이르되 "식물의 본색이 푸르나니 붉은 것은 식물이 아니라" 하겠습니까?

한 가지 흙에서 나서 한 가지 태양, 한 가지 비와 이슬에 자라는 식물이로되 종류도 다르고 색도 다르고 명칭도 다른 것은 하나님의 조화입니다. 그러하거늘 성령의 나타나는 은혜가 각 사람 따라 다름을 분별하지 못합니까?

근래 교회 내에서 성령의 은사에 대하여 각각 다름을 서로 이해하지 못하여 시비하고 다툼은 영적 지식의 어두움이 심한 일입니다. 평북 어느 교회에서는 모 목사를 청하여 부흥회 한 뒤에 떠는 일파와 떨지 아니하는 일파가 대립하여 각각 자기만 성령을 받았다고 분쟁하는 불상사가 있습니다. 퀘이커 교인과 같이 떠는 사람도 있고[1], 상태를 지켜 떨지 아니할 사람도 있는 것입니다. 어찌 이뿐이겠습니까? 각처에서 성령의 나타남에 대하여 종종 적지 않은 시비가 일어나고 있습니다. 어찌 현대뿐이겠습니까. 이런 문제는 시대마다 있는 것입니다.

같은 성령이 다른 은혜를 주신다

그러므로 사도 바울이 고린도전서 12장에서 이렇게 가르쳤습니다.

---

[1] 17세기 영국의 급진적 청교도 신비주의에서 출발했다. 성령에 관한 교리를 중요시했으며, 신자들은 자신의 신앙을 몸의 떨림에 의해 표현해 퀘이커(Quaker)라는 이름이 붙여졌다.

"은사는 여러 가지나 성령은 같고 직분은 여러 가지나 주는 같으며 또 사역은 여러 가지나 모든 것을 모든 사람 가운데서 이루시는 하나님은 같으니 각 사람에게 성령을 나타내심은 유익하게 하려 하심이라 어떤 사람에게는 성령으로 말미암아 지혜의 말씀을, 어떤 사람에게는 같은 성령을 따라 지식의 말씀을, 다른 사람에게는 같은 성령으로 믿음을, 어떤 사람에게는 한 성령으로 병 고치는 은사를, 어떤 사람에게는 능력 행함을, 어떤 사람에게는 예언함을, 어떤 사람에게는 영들 분별함을, 다른 사람에게는 각종 방언 말함을, 어떤 사람에게는 방언들 통역함을 주시나니 이 모든 일은 같은 한 성령이 행하사 그의 뜻대로 각 사람에게 나누어 주시는 것이니라"(고린도전서 12:4-11).

이후 12절부터 사도 바울은 성령의 다양한 은사를 다시 사람 신체로 비유하여 밝히 가르치셨습니다.

그러하거늘 신자가 어찌 자기 받은 은혜만 귀하다 하여 다른 형제의 은혜를 무시하거나 배격합니까? 한 성령이 한 주의 이름으로 사람마다 각양 다른 은혜를 주시는 것이니, 형제자매는 각각 다른 사람이 받은 은혜를 시기하거나 의심하지 말고 서로 존경합시다.

사람도 다르고 직분도 다르다

사무엘은 어릴 때부터 실로에 있는 성막에 머물며 여호와를 섬겼고, 자라서는 사사와 대제사장으로 섬기며 종교인의 직분을 다하였습니다. 그러나 요셉 같은 현인賢人은 대제사장도 아니요, 전문 종교가도 아닙니다. 다만 서기관장과 총리대신의 직으로 정치가로 활동했습니다. 그래도 엘리야나 엘리사 같은 예언자가 예수의 그림자 된 것처럼 요셉도 예수의 그림자 되는 위대한 신앙인입니다.

어찌 요셉뿐입니까? 다윗 대왕은 손에 피 묻은 전사입니다. 그래도 그는 거룩한 시인으로 구약 시 중에 4분의 1을 저작하여 만세萬世에 하나님을 찬양하게 한 자입니다. 찬송은 설교의 3분의 2의 힘을 돕는 것이니, 성령의 감동함으로 찬송하는 것은 신앙에서 중요한 일입니다. 또 다윗은 이스라엘의 위대한 왕일 뿐 아니라 하나님의 충성된 종이라고 하였습니다. 그런즉 전사와 왕으로서도 성령의 은사를 나타냄이 있는 것입니다.

다윗의 계승자 솔로몬도 역사상 견줄 만한 사람이 없을 정도로 뛰어난 부자요 지혜자입니다. 그는 무역과 산업을 흥하여 금의 연 수입만도 660달란트의 거액에 달하여, 금은 은을 대신하고, 은은 동을 대신할 정도로 부하였습니다. 그리하여 그의 영화롭고 귀히 여김 받음은 만고에 지극하였던 것입니다. 그는 그 부로써 이스라엘 최초의 대성전을 건축하여 여호와 하나님을 영화롭게 하고, 평강의 왕으로서 예수의 그림자가 된 것이며, 주신 지혜로 3,000개의 잠언을 써서 성경 기자의 한 사람이 되는 지위를 받았습니다.

출애굽기 31장에 의하면 오홀리압과 브살렐은 일개 공인工人으로 성령의 지혜를 힘입어 거룩한 그릇을 제조함으로 하나님께 영광을 돌렸고, 웃시아 왕은 유대 열왕 중에 뛰어난 정치가로 물을 끌어다가 우물을 만들어 농업을 크게 발전시켰습니다. 그는 하나님께 받은 은혜대로 농업을 장려하는 정치에만 착실했다면 좋을 것이었으나, 제사장의 직분을 감히 저지르다가 문둥이 벌을 받았습니다. 받은바 하나님의 은사와 사명이 각각 다르거늘, 이와 같이 분수를 넘어서는 것은 도리어 은혜를 상실할 뿐 아니라 하나님의 징계를 받기 쉬운 것입니다.

사무엘은 제사장으로, 요셉은 정치가로, 다윗은 전사와 시인으로, 솔로몬은 부귀와 지혜로, 브살렐은 공인으로, 웃시아 왕은 농업을 장려함으로 각각 다른 방면에서 사명을 다하였으나, 다 한 하나님의 은혜로 하나님의 일에 부름을 받은 것입니다. 이와 같이 하나님의 은혜는 각 방면에 여러 모양으로 드러나는 곳에 하나님의 조화도 무궁하고, 하나님의 영광도 무량無量한 것입니다. 그러므로 바울은 당시 로마에서 유행하는 속담을 들어서 가르치되, "만일 온 몸이 눈이면 어떻게 들으며, 온몸이 귀면 어떻게 냄새를 맡으리오? 이제 지체는 많으나 몸은 하나"라고 하셨습니다.

은사에는 귀천이 없다

낮은 지체라도 제 임무를 다하면 함께 귀한 것이니, 아무리 목사, 장로의 지위에 있더라도 성신을 힘입어 그 임무를 다하지 못하면 죄를 면치 못할 것입니다. 비록 남이 알지 못하는 무명 교인일지라도 성령을 힘입어 성실히 신앙생활을 하며 교인의 임무를 다한다면, 그는 목사 이상의 하늘 상을 받을 수도 있습니다.

사사 기드온은 일개 농부로 보리타작하다가 하나님의 묵시를 받아 미디안의 강병을 쳐 이겼습니다. 절세의 용사 삼손의 부친 마노아는 밭에서 일할 때 천사의 나타남을 맞아 삼손의 출생 예언을 들었습니다. 야곱은 쫓겨 가는 길에 벧엘에서 하나님께 복을 받았고, 엘리사는 소 열두 겨리(소 두 마리가 끄는 쟁기)로 밭갈이하는 중에 엘리야에게 청함을 받아 하나님의 사명을 받았습니다.

위의 여러 사람은 일개 노동하는 촌사람으로 하나님의 소명을 받은 것이 아닙니까? 직위가 없는 사람에게 하나님의 놀라운 부르심과 성령의 특별한 은총이 없다고 누가 무시할 것입니까? 더 멀리 말할 것 없이 베드로, 요한, 야고보 같은 주의 뛰어난 제자들이 갈릴리 바다의 어부가 아닙니까? 성령의 은사는 빈부귀천, 나이의 많고 적음, 유식과 무식의 구별이 없이 나타나는 것이요, 또 각 사람의 은혜가 다른 것입니다.

이만한 내용은 오늘날의 교인이면 누구나 다 아는 기독교 상식이라고 자처할 것입니다. 그러나 늙어 가는 제가 왜 새삼스레 이를 설명하느냐고 하면, 오늘날의 교인들이 실제로 성령의 은혜를 분별함에 대해서는 깨달아 인식하지 못하기 때문에 다시 일러두는 것입니다.

바울이 로마서 10장 8절에 "말씀이 네게 가까워 네 입에 있으며 네 마음에 있다"고 한 것과 같이, 말씀이 멀리 있는 것이 아닙니다. 누구든지 신앙으로 성령의 은사를 받을 수 있는 것입니다.

감독의 책임

> 여러분은 자기를 위하여 또는 온 양 떼를 위하여 삼가라
> 성령이 그들 가운데 여러분을 감독자로 삼고
> 하나님이 자기 피로 사신 교회를 보살피게 하셨느니라(사도행전 20:28)

이 자리를 맞이하여

조선예수교 제21회 총회를 맞이하여 조선 교회의 장래를 축복하며, 총회원 여러분의 평강을 축원합니다. 반세기의 조선 교회의 역사를 회고해보니 주님께 감사할 은혜가 하늘같이 높고, 주의 교회를 위하여 있는 힘을 다하여 애쓰시는 여러분들의 공적도 천추에 빛날 것입니다.

그런데 몇 해 전부터 지금까지의 교회를 살펴본바 교역자 여러분에게 드릴 말씀이 있습니다. 교인을 대상으로 하는 집회 석상에서 교직자를 권면하기에는 서로 불편한 점이 있어서 말할 만한 마땅한 처소를 기다렸습니다. 오늘 밤 교회의

중직을 맡은 목사, 장로, 선교사 여러분이 한자리에 모인 자리에서는 속마음을 헤치고 꼭 필요하고 중요한 말을 넉넉히 전할 만하다고 생각하여 강단에 임하니, 총회원 여러분이 저에게 한마디 말을 전하도록 허락해 주십시오. 그리고 마음에 오래 쌓인 깊은 염원을 단시간에 말하고자 하니 말이 격하여 차례가 없고 예를 결함이 있을 것도 양해하십시오.

대사도 바울은 제3차의 전도여행을 마치고 순교의 각오로 장차 예루살렘에 돌아가려 하여 밀레도[1]에서 에베소 장로들을 청하여 작별하는 마당에서 이렇게 부탁하였습니다. "여러분은 자기를 위하여 또는 온 양 떼를 위하여 삼가라 성령이 그들 가운데 여러분을 감독자로 삼고 하나님이 자기 피로 사신 교회를 보살피게 하셨느니라"(사도행전 20:28). 이는 바울이 최후의 유언같이 에베소 장로에게 남기는 말씀이니, 그 얼마나 심각하고 긴하고 중한 부탁이었겠습니까?

제가 바울의 입장과 태도로 감히 여러분을 권면하는 것은 아니나, 목사된 우리도 또한 바울의 이 부탁에 복종하여야 합니다. 즉 우리 자신을 위하여 삼가고, 온 무리를 위하여 삼가고, 주의 교회를 위하여 삼가야 합니다. 이를 목사가 신중하게 주의를 기울여서 삼가야 할 세 가지 일이라 할 것입니다.

---

[1] 바울이 에베소에서 장로들을 불러 놓고 고별설교를 한 곳.

직위가 높으면 책임이 중하다

아담과 하와가 일시에 범죄하였지만, 그 죄의 여파는 6,000년 전 인류 역사에 미친 것처럼 교역자인 목자 한 사람이 실수하면 그 여파는 전 교회를 망하게 하는 것입니다. 제1차 세계대전 때에 독일은 특히 적군의 장관을 목표하고 사격하는 전술을 써서 연합군 측에서 2,500명의 장군을 잃고 패전할 지경에 이르렀습니다. 이를 탐지한 연합군 측에서는 장관들도 모두 보통 군졸의 군복을 입고 출전하였다고 합니다. 이처럼 마귀도 먼저 교회의 지도자를 향하여 넘어뜨리려고 작전하는 것입니다. 가령 새신자 수백 명이 타락하는 것보다 목사 한 명이 타락하는 것의 해와 독이 더욱 큰 것입니다.

성경 역사에서 예를 들면 다윗 왕이 요압의 간절한 청을 듣지 않고 국민의 수효를 조사한 죄벌로 전 이스라엘 민족이 급성 전염병의 재앙으로 3일 동안에 7만 명이라는 많은 인명이 죽었습니다. 이렇게 다윗 왕 한 명의 교만한 죄가 7만 명을 죽였다고 하면, 우리 목자의 과실로 인하여 망한 생명은 얼마나 될 것입니까?

몇 해 전에 평남에 교적을 둔 한 청년 교인이 총회 견학을 왔었습니다. 그 청년이 총회를 구경하고 돌아가서 교회에 나오지 않기로 이유를 물은바 "총회에 가 보고 예수 믿을 마음이 없어졌다"고 하였습니다. 평교인 중에는 노회나 총회를 성회로 알고 우러러보다가 정작 회의장에 와서 보고 성회답지 않다고 낙망하는 사람이 적지 않습니다. 그러니 우리의 사소한 말과 행동 하나하나를 어찌 삼가지 않겠습니까?

그런데 오늘의 교회는 어떠합니까? 양으로 보아서 그렇게 감소하지 않았더라도 질로 보아서는 한심한 일이 많습니다. 교회는 날로 세속화되어 가고 있습니다. 신앙은 박약하고, 사랑은 아주 식어 열심과 능력을 잃어버린 형편입니다. 여러분은 오늘날의 교회를 어떻게 봅니까? 제가 볼 때는 낙관할 수 없는 점이 한둘이 아닙니다. 근심할 바가 적지 않습니다.

그러면 금일 교회가 왜 이렇게 일이 이루어지는 기세가 활발하지 못하고 무력한 상태에 빠져서 세속화되고 있습니까? 그 책임이 여기 모인 우리 교직자에게 있는 것입니다. 아이를 보아 그 아버지를 알 수 있는 것처럼, 교회를 보아 그 교역자를 넉넉히 알 수 있는 것입니다. 교인이 분쟁합니까? 그것은 그 목사가 그러하였던 것입니다. 교인이 서로 사랑합니까? 그것도 그 목사가 그러하였던 것이 아닌가요? 교인은 목사의 사진이라고 할 만도 합니다.

교직자가 삼가 주의해야 할 일

첫째, 오늘날 교인들이 주일을 잘 지키지 않는 불경건하고 어지러운 풍습은 날로 심해 갑니다. 그것은 왜 그렇게 되는가 하면, 교역자 중에 주일을 존중히 지키지 않는 사람이 많기 때문입니다. 주일에 음식을 사 먹으며 여행하는 목사가 있으며, 주일에 물품을 매매하는 장로가 적지 않으니 어떻게 교회가 주일을 신성하게 지키겠습니까? 노회나 총회가 결정한 규례는 지키면서 하나님의 계명인 주일을 등한시하는 것은 본말이 전도된 것입니다. 이는 사람의 유전遺傳을 중히 여기되 하나님의 말씀을 가벼이 여기던 말기 바리새교인들이 빠졌던 오류와 다름이 없습니다. 총회, 노회 등 상급 의사 결정 기관이 의정 규례도 지켜야 하겠지만, 하나님의 계명은 그보다 더 중하지 않습니까? 현대 교회가 주일 계명을 존중히 지키지 않으면 부흥의 가망이 없습니다.

둘째, 가정예배를 등한시하는 것입니다. 가정은 제단입니다. 그런데 오늘 교인의 가정에 찬송 소리가 끊어져 감은 어찌 된 일입니까? 저는 가정예배를 드리지 않는 목사의 가정과 장로의 가정을 여러 군데서 보았습니다. 가정의 제단이 무너지고야 어떻게 가정이 완전하며, 가정이 불완전하고야 어떻게 교회가 완전할 수 있습니까?

셋째, 정신상 과실입니다. 목자가 하나님의 능력을 의지하지 않고 자기의 기교대로 하는 것과 자기보다 나은 일꾼을 시기하는 것과 명예를 탐하는 것이 정신상 과실입니다. 이는 교인보다 목사가 흔히 범하는 과실이요, 이 밖에 목사의 게으르고 느린 과실은 교회를 가장 병들게 하는 것입니다. 교인들은 열심히 기도하되 목사가 기도에 게으르며, 교인들은 전도하되 목사가 전도에 게으른 일은 근래에 흔히 보는 한심한 일입니다.

넷째, 취직 운동은 목사가 범하기 쉬운 과실입니다. 우리가 생계를 위하여 교회 일을 한다면, 그 얼마나 통탄할 일인가요? 그런데 교회 역사를 통하여 이런 불순한 일꾼이 대대로 적지 않았고, 모든 부패의 작용은 여기에서 비롯되었습니다. 오늘날에도 이런 불순한 일꾼이 성행하고 있지 않습니까?

저는 왕년에 출옥한 때에 어떤 자매가 일금 10원을 제게 주기에 이유를 물은바 자기가 매일 한 끼씩 금식하여 모은 돈이라 하였습니다. 그 돈이 곧 그 자매의 살과 피인 것을 생각할 때 저는 두려움을 깨닫고 그 돈을 부인전도회에 연보하였습니다. 우리가 교인에게 받은 월급은 푼푼이 교인의 기름입니다. 그런데 우리 목사된 자가 취직 방편으로 교회 일을 본다면 그 불충의 죄가 얼마나 크겠습니까! 에스겔이 이렇게 말했습니다.

"…내 목자들이 내 양을 찾지 아니하고 자기만 먹이고 내 양 떼를 먹이지 아니하였도다… 내가 목자들을 대적하여 내 양 떼를 그들의 손에서 찾으리니 목자들이 양을 먹이지 못할 뿐 아니라 그들이 다시는 자기도 먹이지 못할지라 내가 내 양을 그들의 입에서 건져내어서 다시는 그 먹이가 되지 아니하게 하리라"(에스겔 34:7-10).

신앙과 사랑은 모든 것의 이상以上이다

저는 교회의 어두운 부분을 폭로하려 함도 아니요, 교회 쇠퇴의 책임 소재를 추궁하려 함도 아닙니다. 오늘의 현황이 이러하니, 어떻게 해야 내일의 교회를 지도할까 함입니다.

첫째, 신앙으로 교인을 먹이십시오. 과거 10여 년 동안에 목사부터 과학 아래 무릎을 꿇어 스스로 신앙의 힘을 잃고, 사회 그릇된 풍습에 아첨하여 스스로 모욕을 사고, 사업을 앞세우고 영적 성숙을 뒤로 미뤄 영적 능력을 잃은 것입니다. 세상과 잇닿아 있어 일시 환영을 받는 것 같으나, 최후의 결과는 교역자와 교인과 교회가 함께 망하는 것뿐입니다. 신앙이 먼저요, 지식은 나중입니다. 일의 처음과 끝이 바르면 흥하지 아니할 리가 없고, 선후가 뒤바뀌고서 망하지 않을 자가 없는 것입니다.

둘째, 사랑으로 인도하십시오. 조선에 왔던 포사이드Wylie H. Forsythe[2]는 그리스도와 조선인을 위해 자신의 소유와 생명까지 드려, 장가도 가지 못하고 마침내 병이 나서 별세하였습니다. 그는 조선의 어떤 부인의 유방에 생긴 고름을 입으로 빨아서 치료하기까지 남을 사랑하였습니다. 오늘날 예의와 체면을 능사로 삼는 선생들은 그게 예에 어긋난다고 평할는지 모르나 사랑은 예와 체면 이상입니다.

기포드Daniel L. Gifford[3] 선교사는 조선인 짐꾼을 불쌍히 여겨 자기 말을 빌려주었더니, 그 말이 짐을 실은 채 달아나 버렸습니다. 그 마부는 기포드 선교사를 향하여 "당신의 말 때문에 짐을 잃었으니, 그 값을 내어 달라"고 부르짖었습니다. 기포드 선교사는 말을 잃어버렸음에도 불구하고 그 마부에게 물건값을 냈습니다. 이 광경을 보고 있던 어떤 선교사는 물건값을 내어 줄 것이 없다고 경위를 따졌습니다. 그러나 기포드 선교사는 "우리가 경위로써 예수를 증거할 것이 아니라, 사랑으로 예수를 증거할 것이라"고 말하였습니다.

---

2 1873-1918. 한국명 보위렴. 광주와 목포 등지에서 활동했던 의료선교사로 광주나병원을 설립하는 데 기여하였다.
3 1861-1900. 한국명 기보. 새문안교회, 연동교회의 담임목사로 헌신했다. 평소 한국문화에 관심이 많아 The Korean Repository에 한국에 관한 많은 글을 기고하였다.

오늘날의 교역자나 평교인이나 상회와 하회[4]를 물론하고, 경위와 규칙으로 일을 하자니 각박해지는 것입니다. 속살은 망하는데 외면으로 규칙이나 찾고, 사랑의 내용이 없이 결의하면 무슨 효력이 있겠습니까? 기름이 없이 윤전기輪轉機[5]는 돌지 못하니, 기름 없는 윤전기를 운전하려면 기계는 파괴될 것입니다. 이와 같이 사랑 없는 교회는 진행이 불가능한 것입니다. 기름은 기계 이상이요, 사랑은 규칙과 경위 이상입니다.

우리 예수교장로회는 30만 기독교인을 포용한, 조선 교회의 3분의 2 이상이 소속된 중심 교회입니다. 그런즉 조선에 대한 예수교장로회의 책임도 큽니다. 30만 교인과 1,000여 명의 교역자를 앞장서서 이끌고 지도하는 총회원 여러분은 삼가 신앙과 사랑으로 교회를 먹이고 인도하되, 오히려 자신을 위하여 삼가고, 교인을 위하여 삼가고, 주의 교회를 위하여 삼가십시오.

---

[4] 지교회, 노회, 총회로 이루어진 장로교 정치제도에서 상회와 하회는 더 높은 의사 결정 기관과 그 아래에 있는 결정 기관을 말한다.
[5] 회전하는 원통 사이로 인쇄용지를 끼워 인쇄하는 인쇄기로 신문, 잡지와 같이 많은 양을 인쇄할 때 쓴다.

4장

평화의 새벽

말하는 기계와 앵무새라

내가 어느 날에 외국 사람의 문 앞으로 지나가는데 문 안에서 어떠한 처량한 찬미 소리도 나며, 혹 여러 사람이 즐거이 웃는 소리도 나며, 혹 여러 사람이 말을 주고받는 소리도 나기에 생각하기를 '어떤 외국 사람들이 이 집에서 이같이 즐거워 노는가?' 하고, 즉시 들어가 보았습니다. 그런즉, 넓은 방 안에 다만 한 사람이 묵묵히 앉아 있어, 그 앞에 나팔통 같은 기계를 놓고 손으로 그 기계를 틀어 놓으니 그 통 속에서 사람의 여러 가지 이야기하는 소리도 나고, 처량한 찬미 소리도 나며 여러 사람이 즐거이 웃는 소리도 나거늘 내가 그것을 보고 생각하기를 '깜짝 속았구나!' 하고 큰 뜻을 깨달았으니, 진실로 위태하도다.

학문만 숭상하기를 힘쓰고 행하는 열매가 없는 자들이여! 이 기계를 생각해 보시오. 이 기계는 납을 씌운 얇은 종이에 말 음성이 합하는 약물을 발라 놓았으므로 다만 사람의 음성만 녹음하였다가 그 기계를 틀어 놓으면 사람의 소리만 날 뿐이요, 그 기계 더러 오라 하면 올 수도 없고 가라 하면 갈 수도 없습니다.

또 앵무새라 하는 짐승은 능히 사람의 말을 본받아 흐르는 물같이 말합니다. 자기가 그 말의 뜻도 알지 못하며 스스로 생각도 못 하는 말을 합니다. 주를 믿는 자가 성신의 신령한 은혜를 받지 못하고 다만 학문과 말재주만 배워서 혹 말씀을 설명하거나 연설을 하거나 신문에 논설하는 것이니 실로 말 기계와 앵무새가 같습니다.

내가 신문에 게재된 어떤 형제의 논설도 보고, 또 그의 강도 講道(교리를 알기 쉽게 설명하는 일)와 연설함을 듣고 반가운 마음으로 그를 귀하게 여기며 진실히 믿었습니다. 그 후에 그의 행실을 살펴보았더니 신문에 논설하던 말과 강도하며 연설하던 말과는 조금도 일치하는 것이 없었습니다. 이것은 마치 내가 이전에 외국 사람의 집 앞으로 지나가다가 말 기계로 나오는 소리를 듣고 참으로 사람의 말소리로 알고 속음과 같으며, 어떤 사람이 앵무새의 소리만 듣고 사람인 줄 안 것과 같습니다.

  사랑하는 형제자매들이여, 간절히 원하고 바라는 것은 행실을 말하는 바에 합당케 하여 능히 사람의 마음을 감화시키는 참 그리스도인이 되고, 말 기계와 앵무새가 되지 마옵소서. 또 중대한 직분으로 하나님께 지혜를 받아 교회를 치리하는 형제들이여, 내가 말 기계의 소리만 듣고 속은 것같이 신문 논설 또는 교회에서 강도와 연설만 듣고 가벼이 중한 직분을 맡기지 말고, 자주 그 행실을 살펴 말과 행실이 합한 후에 중대한 직분을 맡기기 바랍니다.

그리스도신문. 1906. 2. 15.

성신을 충만히 받을 방책

성신을 받는 방법에는 세 단계가 있으니 첫째는 성신의 인도함을 받고, 둘째는 성신의 감동함을 받고, 셋째는 성신의 충만함을 받는 것입니다. 그런즉 성신의 인도함을 받은 후에야 성신의 감동함을 받고, 성신의 감동함을 받은 후에 성신의 충만함을 받나니, 성신을 충만히 받는 방책은 여섯입니다.

첫째는 하나님의 명을 순종함이니, 사도들이 주께서 승천하실 때에 명령하신 말씀을 순종함으로 예루살렘을 떠나지 않았습니다.

둘째는 형제자매가 마음을 합함이니, 사도와 신도들이 오순절에 마음을 같이하여 한 집에 모였을 때 혀 모양으로 불같은 성신의 충만함을 받았습니다. 저 전봇줄을 보면 줄이 서로 연합으로 전기가 서로 통하나니, 이와 같이 형제의 마음이 서로 연합하여야 성신의 신령함이 서로 교통할지라.

셋째는 겸손함이니, 옛날 사도 때에 가이사랴 지방의 백부장이 자기의 온 친속을 거느리고 베드로가 오기를 기다리다가, 베드로가 오는 것을 보고 문밖에 나아가 베드로 발 앞에 겸손히 절하였습니다. 이곳에서 베드로가 한 번 기도하매 온 집안의 사람이 성신의 충만함을 받았습니다. 성신은 물과 같아서 땅이 깊은 곳에 물이 많이 고이는 것같이 사람의 마음이 스스로 낮고 겸손한 곳에 성신의 충만함을 받는 것입니다. 사도 야고보가 말씀하시되 "하나님이 교만한 자를 물리치시고, 은혜를 겸손한 자에게 주신다"(야고보서 4:6) 하셨습니다.

넷째는 마음이 조용함이니, 옛날 모세가 시내산에서 하나님의 영광을 보고 권능을 받을 때 그 마음과 몸이 조용히 거처함이요, 사도 바울이 아라비아 광야에서 조용히 기도함으로 성신의 능력을 받은 것입니다.

다섯째는 주의 일을 위하여 힘쓰는 가운데 성신의 권능을 충만히 받는 것이니, 옛날 사도 때에 무당 시몬이 성신을 물건과 같이 여겨 베드로에게 돈을 바치고 성신을 구하매 도리어 책망을 받았습니다. 자기를 위하여 쓰려고 망령되이 성신을 구하면 도리어 벌을 받을 것이니, 옛날 사도와 제자들이 다 주를 위하여 힘쓰는 가운데 성신의 능력을 충만히 받았습니다.

여섯째는 간절히 기도함이니, 주께서 이르시되 "구하는 이마다 얻을 것이라" 하였습니다. 그런즉 성신의 인도를 막지 않아야 그 인도를 받고, 그 인도를 받은 후에 성신의 감화感化를 소멸치 않아야 그 감화를 받는 것입니다.

성신의 감화를 받은 연후에 첫째는 순종할 것이요, 둘째는 합심할 것이요, 셋째는 겸손할 것이요, 넷째는 마음이 조용할 것이요, 다섯째는 주의 일을 힘쓸 것이요, 여섯째는 간절히 기도할 것입니다.

나의 사랑하는 형제자매들이여, 이 여섯 가지 방책을 깊이 생각해서 날마다 힘써 성신의 충만하심을 받으시기 바랍니다.

그리스도신문. 1906. 3. 8.

추수감사일의 조선 유래와 그 의의

우리 장로교회가 조선에 뿌리를 박은 지 47년 남짓한 오늘, 〈종교교육〉을 통해 교회의 절기인 감사일을 소개하게 되어 저는 매우 기쁘고 그 의미가 크다고 생각합니다. 어두운 죄 가운데서 밝은 새 소망으로, 사망에서 생명으로, 파멸에서 건설적인 방향으로 우리의 살림을 개척한 이 날이야말로 감사일이라고만 하기에 오히려 불만족한 느낌도 듭니다.

개신교 예수교가 맨 처음으로 우리나라에 들어오기 시작한 것은 1866년 평양 대동강변에서 토마스 씨가 순교하면서부터입니다. 이처럼 토마스 씨의 공적을 기억할 때마다 아직도 새삼스러운 마음이 들거니와, 토마스 씨 후에는 그리스도의 복음이 우리에게 간접적으로 남북만주를 통해 겨우 전달되었습니다. 1884년 9월 20일에 미국 북장로회 의료 선교사 알렌Horace N. Allen[1] 씨 부부가 조선에 도착했습니다. 그리고 그다음 해에 언더우드Horace G. Underwood[2] 씨와 의사 헤론 John W. Heron[3] 씨 부부가 조선에 오면서 우리 장로교회가 조선에서 뿌리를 박게 되었습니다. 따라서 그들의 뒤를 이어 진리의 투사들이 건너옴에 따라 힘에 힘을 얻은 선교사들의 분투는 마침내 조선예수교장로회를 낳은 것입니다.

그런데 조선에는 미국 남북장로교회, 캐나다 장로교회, 오스트레일리아 장로교회 네 파로부터 선교사들이 건너왔기 때문에 각 파의 선교사들이 공의회를 조직하고 조선의 초대 교회를 치리 治理하였습니다. 그러는 동안에 신자들이 앞다퉈 일어남에 따라 장로 3명, 조사助事(목사를 도와 전도하는 사람) 6명의 조선 사람과 25명의 선교사가 모여서 1901년에야 비로소 조선예수교장로회 공의회를 조직하게 되었습니다. 이 조직은 서로의 친목과 지방 사정을 주고받음과 장래 방침의 의

---

[1] 1858-1932. 한국명 안련. 조선에 내한한 최초의 선교사이자 의사. 후에 고종과 미국 사이에서 외교활동을 벌였다.

[2] 1859-1916. 한국명 원두우. 새문안교회를 설립하고 연세대학교의 전신인 연희전문학교를 세우는 데 힘썼으며 우리나라 최초의 영한사전을 간행했다. 또한 해외에 한국을 소개하여 많은 선교사들을 한국에 오게 했다.

[3] 1856-1890. 한국명 혜론. 양화진에 처음으로 묻힌 선교사.

사意思를 교환하고 토론하기에 몰두했고, 아직 교회가 어린 만큼 정작 교회의 모든 사업은 선교사들로 조직된 공의회가 처리하였습니다.

해를 거듭할수록 교회는 왕성해지고 신자들의 진리를 향한 열정과 기쁨은 날로 쌓여 갔습니다. 그뿐만 아니라 흑암한 조선에서 오늘의 우리 교회가 이만한 형체를 이루게 됨이야말로 비길 데 없는 하나님의 넓고 크신 은혜임을 감사하지 않을 수 없었습니다. 그리하여 1904년 조선예수교장로회 공의회의 모임을 기회로, 회원인 서경조[4] 장로가 온 조선 안에서 한결같이 감사일을 작정하고 하나님의 은혜를 즐기며 감사하는 것이 좋겠다고 제안했습니다. 회장 조지 엥겔George O. Engel[5] 선교사의 추천으로 윌리엄 헌트William B. Hunt[6] 선교사, 언더우드 선교사, 방기장, 심취명, 양전백 다섯 명을 감사일 작정위원으로 세웠습니다. 그리고 그들이 제의한 날짜인 양력 11월 11일을 그 해의 감사절로 지키기 시작했습니다.

---

4 1852-1938. 구한말의 목회자이자 기독교운동가. 최초의 한국장로교회 7인 목사 중 한 사람으로 황해도 최초의 장로교회인 소래교회를 건립했다.

5 1868-1956. 한국명 왕길지. 18년간 부산, 경남지역의 순회전도자, 개척선교사로 활동하고 이후에는 평양신학교 교수로 섬기며 신학교 기관지〈신학지남〉을 창간하는 등 문서사역에도 힘썼다.

6 1869-1953. 한국명 한위렴. 1897년 선교사로 내한하여 황해도 재령에서 42년간 복음사역을 위해 헌신했다.

이를 비롯하여 해마다 이 공의회에서 작정하는 대로 온 교회가 지켜 왔습니다.

그러나 1914년에 와서는 이미 조선예수교장로회가 자립하고, 또 동회가 조직되어 모든 일을 스스로 해 가는 가운데 황해도 재령읍에서 제3회 조선예수교장로회 총회로 모여서 여러 가지를 결의하는 가운데 감사일에 대해서도 의논이 일어났습니다. 거기에는 물론 해마다 총회에서 작정하여 전국 교회가 지키는 것보다 연중 하루를 택하여 변동없이 감사일로 작정하고 받은바 하나님의 은혜를 감사하자고 함이 큰 동기로서 날짜에 관하여 토론이 많았습니다. 그러다가 규칙위원에게 전임하여 규칙부에서 작정한 대로 총회에서 가결되어 오늘날까지 우리가 그날을 기쁘게 맞으며 즐거워하는 바입니다.

그런데 규칙부에서 토론할 때에 여러 가지 의논이 있었습니다. 미국에서 지키는 날짜로 할까 하는 의견도 있었고, 조선장로교회가 자립한 만큼 우리에게 적합한 날을 택하여 감사절일로 지키자는 의견과 그 밖에 각각의 의견이 있었습니다. 그러나, 언더우드 목사의 제의대로 조선에 선교사가 처음 발을 들여놓은 날을 감사일로 하는 것이 좋겠다고 함에 별다른 의논이 없이 가결됐습니다.

조선에 예수교장로회 선교사로 맨 처음으로 건너온 이는

의사 알렌 씨 부부입니다. 알렌 씨는 본래 중화민국에 선교사로 갔다가 뜻에 합하지 않아 그곳에 머무르던 중이었습니다. 그때 그는 친구의 권면을 받아 조선에 오기로 작정하고, 미국 북장로회 의료선교부에 청원하여 조선의 의료선교사로 파견을 받았습니다. 알렌 씨의 청원이 본부에 들어가던 당시, 본부에서는 조선 선교를 요청하는 언더우드 목사의 청원에 대한 의논을 거듭하며 결정을 짓지 못하고 있을 때였습니다.

언더우드 목사는 조선에 선교할 뜻을 품고 어찌하든지 조선으로 파송해 달라고 여러 활동을 하고 있었습니다. 그 결과로 외국선교부원의 한 사람인 맥윌리엄스D. McWilliams[7] 씨가 조선 선교를 위하여 몇천 원의 돈을 기부하였습니다. 그래서 온 회중은 기쁨으로 언더우드 목사를 조선으로 파송하려고 결정하였으나 이제 문제는 언더우드 목사를 도와줄 의사가 없어서 꺼리던 차였습니다. 그때 중화민국에 가 있던 알렌 선교사가 자신을 조선의 선교사로 파송해 달라고 요청하자 본부는 곧장 승낙하고, 알렌 선교사를 조선으로 파송했습니다.

이때 조선에는 푸트Lucius H. Foote[8]란 미국 공사가 있었습

---

7 미국 북장로교 해외선교위원으로 그는 조선 선교를 위해 1884년 5월 1일 5,000달러를 기부했다. 이를 계기로 미국 북장로교회는 한국 선교를 시작하게 되는데, 당시의 이 돈은 두 선교사가 1년간 일할 수 있는 금액이었다.

8 1826-1913. 미국이 조선에 파견한 첫 공사. 조미수호통상조약(1882년) 체결 이후, 1883년 미국특명전권공사로 임명됐고, 1883년 5월부터 한성에 주재했다.

니다. 하지만, 조선에 의사가 없어서 공사의 가정은 그들의 풍속대로 생활하기에는 큰 위협을 받았고 잠시도 안정된 생활을 할 수 없었습니다. 알렌 씨는 조선에 별 지장이 없이 들어오려고 푸트 공사에게 편지를 썼습니다. 때마침 의사가 온다는 소식을 들은 푸트 공사는, 알렌 씨를 공사관 의사로 조선에 건너오도록 공포하여 알렌 씨의 조선 입국을 도왔습니다.

그는 1884년 9월 20일에 무사히 조선에 건너와서 먼저 말을 배우고 복음 전파의 길을 준비하고 있었습니다. 조선에 건너온 지 벌써 석 달이 되었을 때 복음 전파할 큰 문이 열렸습니다. 바로 알렌 씨 부부가 건너온 지 석 달에 조선 천지에서 황실을 중심으로 정치적 큰 사변(1884년 12월에 벌어진 갑신정변)이 일어난 동시에, 황후의 가족으로서 당당한 세력가요 정치적 중심 인물이던 민영익 씨의 습격 사건이 일어나자 궁중으로부터 양반 계층에 이르기까지 큰 소동이 일어났습니다. 이때야말로 하나님께서 조선에 큰길을 열어 주시는 기회였습니다.

서울 장안에 유명하다는 의사들이 모두 모여 민영익 씨를 살리기에 분주하였습니다. 칼에 맞아 피 나는 그 구멍에 밀땜을 하는 모습을 보고만 있을 수 없어 알렌 씨는 자기가 배운 의술의 가장 좋은 방법을 가지고 힘을 다하여 치료하였습니다. 그 결과로 민영익 씨가 살아났고, 회복되었습니다.

이로 말미암아 나라에서 국립병원을 설립하고 알렌 씨를 원장으로 청하게 됨에 따라 그들의 목적인 주 예수의 복음을 전할 큰길을 열었습니다. 그들이 가지고 온 복음을 조선 사회에서는 이해하여 주지도 않고, 도리어 이상한 의심을 품는 동시에 참 생명의 복음인 주의 말씀을 받으려 하지 않던 우리 사회에는 이로부터 그리스도의 왕국이 건설될 기초를 닦게 되었습니다. 그러자 이듬해에 언더우드 목사의 건너옴을 비롯하여 많은 선교사들이 함께 와서 전도하게 되니 이것이 조선의 악마를 타파하고 새로운 조선으로 개척할 조선예수교회의 씨가 된 것입니다.

그런데 총회에서 작정하기를 감사일은 조선에 선교사가 처음 건너온 날짜로 하자고 했으나 알렌 씨가 조선에 온 날짜는 9월 20일이요, 지금 우리가 지키는 감사일은 11월 셋째 주일 후 3일임을 보아 서로 어긋난다는 의론이 있었습니다. 그러나 당시에 작정할 때는 할 수 있는 대로 첫 선교사가 조선에 도착한 날과 가깝게 하자고 하여 달수는 다르지만, 조선은 농산국인 만큼 추수를 마칠 시기의 한 날을 택하여 감사일로 작정하자고 해서 11월 셋째 주일 후 3일로 작정하게 되었습니다.

어쨌든 우리로서 기억할 것은 우리가 받은바 하나님의 무한하신 은혜를 감사하며 은혜의 복음이 우리에게 들어온 그 때를 기념함이야말로 우리의 가장 큰 기쁨입니다.

종교교육. 제2권 10호. 1931. 10.

평화의 새벽[1]

요한복음 14장 27절, 이사야 32장 17절, 시편 85편 10절

> 공의의 열매는 화평이요
> 공의의 결과는 영원한 평안과 안전이라 (이사야 32:17)

저는 하나님의 사명을 받아서 동해를 항해한 일이 있습니다. 대한해협을 건넌 일도 있는데 한번은 큰 폭풍우를 만났습니다. 좌우와 앞뒤로 큰 파도가 배를 습격해 오자 5,000톤이나 되는 큰 배가 마치 나뭇잎과 같이 흔들리며 그 무서운 물결에 묻히는 것 같았습니다. 그때 제가 할 일은 오직 들창을 꽉 닫고 침대에 들어가서 큰 파도가 잔잔해지기를 열심히 기도하

---

[1] 이 글은 1921년 7월에 출간된 한국 기독교 최초의 설교집 《종교계 제명사 설교집》에 실려 있다. 《종교계 제명사 설교집》은 20세기 초 한국 교회의 발전과 문화운동의 필요성을 역설한 설교집으로 3·1운동 직후에 출간되었으며, 당대 명사들 스무 명의 설교를 담고 있다. 이 글은 3·1독립선언서에 서명했고, 이로 인해 고초를 겪기도 한 길선주 목사의 평화에 대한 열망과 사회적 관심을 잘 보여 준다. 이를 반영하듯 길선주 목사의 본 설교는 일제의 검열에 의해 일부가 삭제된 채 발행되었다.

며 기다리는 것밖에 없었습니다.

    그런데 폭풍이 잔잔해졌을 때, 갑판에 올라가 바라본 광경을 무엇이라 형용하면 좋을까요? 처음의 폭풍은 어디로 가 버렸는지요? 큰 파도의 자취는 찾아볼 수 없이 잔잔해진 바다를 볼 때는 대단히 유쾌함을 느끼며, 이같이 유쾌한 항해라면 몇 번이든 좋겠다는 생각마저 들었습니다. 폭풍이 불 때는 다시는 대한해협을 건너지 않겠다고 다짐하면서도, 바다가 잔잔할 때에는 몇 번이든지 항해하고 싶다는 생각이 일어나곤 합니다.

    그런데 저 유럽에서 일어난 폭풍은 과거 4년 4개월간 프랑스를 흔든 것뿐 아니라 오스트리아도 러시아도 흔들었습니다. 헝가리와 세르비아도 흔들리게 되어 천지개벽 이래로 이번 유럽의 전쟁과 같이 큰 폭풍우가 일어난 때는 없었다고 합니다. 영국과 독일, 오스트리아에서 전사한 자, 또 부상 후에 생명을 잃은 자가 몇천만 명이라고 합니다. 또한 우리의 작은 뇌로는 헤아릴 수 없을 만큼 많은 돈을 허비했습니다. 저는 그 큰 숫자를 보아도 그것을 입력하지 못합니다. 몇 백만 억이었는지 혹은 몇 천만 억이었는지 모르지만 막대한 비용인 것으로 생각됩니다.

    그런데 이 폭풍이 그치고, 지금은 런던에서, 파리에서 평화의 서광을 맞고 있습니다. 제일 큰 희생을 당한 나라들은 아무래도 그 기쁨이 더할 것입니다. 프랑스인은 평소에 춤 잘 추는 국민이므로 미칠 만큼 기쁘다 해도 저는 별로 괴이하다고 생각하지 않을 것입니다. 하지만, 일이 터져도 한번 떠들지도 않을 뿐 아니라 놀라지도 않는 영국인이 이번은 파리의 시민보다 뒤지지 않을 만큼 기쁨이 컸다는 기사가 신문에 오른 것을 볼 때 실로 동정의 기쁨을 느끼게 됩니다.

여러분도 같은 심정이었겠지만, 저도 전쟁이 일어난 후부터 휴전 조약이 체결되던 전 주일까지 4년 몇 개월간 매일 아침 '하루라도 속히 개벽 이래의 대전쟁이 그치고, 아무쪼록 세계에 평화가 오기를' 하나님께 기도하였습니다. 저뿐만 아니라 몇천만의 그리스도 신자가 하나님 앞에서 기도했을 것입니다. 런던의 세인트 폴 대성당에 영국 왕과 왕비가 모든 관리를 거느리고 그곳에서 머리를 숙이고 기도한 것은 많은 사람에게 널리 알려진 사실입니다.

그 외에도 안데스산맥 또는 로키산맥의, 사람들의 눈에 띄지 않는 작은 오두막에 사는 비천한 남녀가 평화를 위하여 간절히 기도했을 줄로 압니다. 자기 아들이 전장에서 전사하였다는 기별을 손에 잡은 채로 무릎을 꿇고 "하나님, 제 아들이 이같이 희생되었을지라도 더 이상 다른 사람들이 희생되지 않도록 하루라도 속히 이 전쟁이 끝나게 하옵소서" 하고 기도한 사람이 적지 않을 줄로 압니다.

한 가지 소식이 제 마음에 큰 감동을 주었습니다. 미국 공군 장교가 프랑스 상공에서 독일 비행기와 싸움하다가 드디어 적은 패하여 비행기와 같이 추락하였습니다. 그런데 미군 장교는 그 원수의 유해를 염습한 뒤 전우를 다 모아 훌륭한 장례식을 하였습니다. 그리고 그 사실을 자세히 기록하고, 독일군의 주머니에서 찾은 고향에 부치는 편지와 함께 그의 어머니께 보내 주었습니다. 그랬더니 독일군 어머니는 "내 자식은 다 죽고 하나 남아 있었는데 그마저 전사하였습니다. 평화를 맞게 되는 새벽에 그대는 아무쪼록 내 집에 놀러 오기를 바랍니다. 이제부터 나는 그대를 내 아들로 대하고 사랑하겠습니다"고 회답하였다고 합니다. 자신의 자식을 죽였지만, 장례식을 정성껏 치러줬다는 기별을 받은 독일군의 어머니는 원한의 말은커녕 도리어 "장례식을 치러줘서 고맙다"며, 또 "이후 그대를 나의 아들로 삼고 사랑하겠다. 집에 놀러 오라"고 한 것입니다. 미군 장교는 이에 대해 무엇이라고 회답했겠습니까? 그의 회답에 관한 내용은 없으므로 알 수 없지만, 제 생각에는 확실히 "나의 친애하는 어머니께!"라 쓰고 끝에는 "당신의 사랑하는 아들 아무개로부터"라 답장하였음이 틀림

없을 줄로 저는 믿습니다.

여러분! 이렇게 비참한 이야기는 얼마든지 있을 겁니다. 하지만 드디어 전쟁이 끝나고, 이제 평화의 새벽을 맞게 되었기에 함께 기쁨을 참을 수 없는 것입니다.

우리가 오늘 아침에 읽은 시편 85편 10절의 "의와 평화는 서로 입을 맞춘다" 하는 말씀에서 여러 가지 생각이 떠오를 줄로 압니다. 제 경우는 양심에 어긋나는 행동을 했다거나, 혹은 남을 악평하여 허물이 되었다거나, 실로 상스러운 일인데 상스럽지 않은 일로 생각했다거나 하면 마음이 꼭 바다의 파동과 같이 흔들리고 내적싸움이 격렬하여서 시계종이 열두 시를 치고 새로 한 시를 칠지라도 잘 수가 없습니다. 그러다가 너무도 피곤하여 잠이 들면 이번엔 법정에 끌려가서 그곳에서 엄정한 재판 선고를 하는 꿈을 꿉니다. 이렇듯 마음 안이 어수선한 경우가 한두 번이 아닙니다. 그런 날 아침에 일어나 보면, 너무 피곤하여 얼굴이 푸석해 보입니다. 사람들이 "어떻게 된 일입니까? 병이나 나시지 않았습니까?" 하고 물을 때 별로 병도 없으므로 무엇이라 말할 수 없습니다.

제가 예전에 교역자가 되려 할 때, '나는 구원함을 받았는가?' 하는 문제로 3일간 밤잠을 이루지 못하고 고통을 당한 일이 있습니다. 물론 하나님을 배반하려는 좋지 못한 생각은 하지 않았습니다. 다만 하나님의 뜻에 적합하도록 노력하였으나 힘이 부족하여 그 뜻대로 행하지 못한 일은 있었습니다. 그때 깨달은 것은, 제가 나라를 배반하고 남의 나라 쫓기를 꾀한 사람이라면 하나님께서 벌하셨겠지만, 역부족으로 뜻하지 않게 하나님의 영광을 가리고 그 마음을 아프게 한 것은 벌하시지 않고 날 구원하셨다는 믿음이 생겨 마음속에 평화를 누리게 되었습니다.

제 친구 중의 한 사람이 목사인데, 그는 자기가 범한 죄로 책함을 받고 도저히 살 수가 없어서 죽기로 했습니다. 그는 책상 서랍에 있던 면도를 꺼내려던 찰나에 문득 그리스도교에서 자살을 금한 것이 생각나서 책상 서랍에 손을 넣지 못하고 되돌아오고, 또 죽으려고 다시 책상 서랍에 손을 대었다가 그만두기를 세 번이나 하였습니다. 그러다가 회개하고서 그리스도 예수 십자가의 구원을 받고 참 안심을 얻었다고 고백한 친구가 있습니다.

이처럼 우리 마음의 싸움은 이 일이 정당하지 못하다는 사실을 알면서도 어떻게 하지 못할 때 일어나며, 양심의 큰 책망을 받게 되는 것입니다. 그때는 회개할 것밖에 없습니다. 과거에 지은 죄는 우리가 어찌할 수 없는 것입니다. 십자가 위의 주를 바라보고 "아버지여! 나를 용서하옵소서. 나를 죄에서 사하시옵소서. 다시는 이 같은 불의를 하지 않겠습니다" 하고 진실한 회개를 하면, 놀랍게도 그 순간에 크게 떠들던 마음속 폭풍우가 그쳐 잔잔한 바다와 같이 오직 감사와 기쁨이 넘치는 아름다운 봄과 같은 마음을 가질 수 있게 됩니다.

또 이런 예도 있습니다. 며느리와 시어머니 사이, 혹은 부부 사이에 큰 파도가 일어나면 아무래도 쉽게 진정할 수 없게 됩니다. 어느 가정에서 며느리와 시어머니가 싸우는 것을 보았는데, 그 며느리는 권세 있는 양반집 여식이었습니다. 며느리가 시어머니 뜻에 맞지는 않았지만, 본가로 돌려보낼 부족한 점이나 잘못한 점은 없었습니다. 그러던 어느 날 밤에 시어머니가 집을 나가 버렸습니다. 남편은 백방으로 어머니를 찾으러 다녀 간신히 집으로 모셔다 놓고는 정작 본인은 자살하려 하였습니다.

상황을 듣고 나니, 그 가정의 싸움이 여간한 것이 아님을 알 수 있었습니다. 며느리가 옳지 않을까요? 시어머니가 옳지 않을까요? 여러분은 누구에게 허물이 있다고 생각합니까? 제 생각에 이런 일은 모든 가정에 있을 법한 격렬한 사건으로 여겨집니다.

또 남편은 어떻습니까? 자기 아내가 어머니의 뜻에 따르지 않는다고 하여 다른 곳에 연인을 만들고 밤이 늦도록 집에 들어가지 않으면, 아내의 마음속에 원수의 파도가 일어나게 하는 것입니다. 그러면 아내는 '목을 맬까?', '단도로 가슴을 찌를까?', 혹은 '바다에 몸을 던질까?' 하는 잘못된 생각을 하며 고통을 받게 됩니다.

이 같은 경우에는 어찌하면 좋을까요? 답은 분명합니다. 남편은 "의와 평화는 서로 입을 맞춘다"는 말씀에 의지해 연인을 정리하는 것 외에는 없습니다. "아버지여! 저의 잘못된 마음을 바로잡아 주소서" 하고 기도하며 하나님 아버지께 맡길 수밖에 없습니다. 그렇지 않으면 그 가정에는 언제까지나 평화가 올 수 없는 것입니다.

아내의 경우도 자녀의 교육을 위하여, 가정의 전도를 위하여, 남편을 위하여 이러한 상황은 용납할 수 없는 것이라 하여 정의로써 가정을 깨끗하게 하려고 노력하며, 그것을 위하여 조금 섭섭하고 억울할지라도 참고 의의 마음을 굳게 하여 가정을 허물려는 싸움에서 이겨야 합니다. 그래야 그 가정에 평화가 찾아오게 되며 "의와 평화가 입 맞추게" 됩니다. 의와 평화가 입 맞추는 때의 아름다움과 기쁨을 천지간에 무엇과 비교할 수 있겠습니까? 이때만큼 기쁠 때도 없을 줄 압니다.

불안한 상황에 놓였다는 것은 바늘 위에 방석을 깔고 앉는 것과 같이 언제 바늘에 찔릴지 모르는 경우를 말합니다. 위에서 보면 좋은 방석에 앉은 것 같은데, 아래로는 계속해서 찔리는 것입니다. 거기에 서든지 춤을 추더라도 조금도 찔리지 않도록 바늘을 제거하여야 비로소 의와 평화가 입을 맞추게 되는 것입니다.

제1차 세계대전도 오스트리아의 황태자가 1914년 6월 28일에 세르비아의 한 청년에게 찔리는 일에서 시작되었습니다. 오스트리아의 황태자뿐 아니라 황태자비도 같이 찔림을 받았습니다. 그 후에 독일이 영구 중립 지대에 있을 만한 벨기에를 범하여 프랑스를 공격하면서 전쟁이 확대되었습니다.

독일을 치지 않으면 안 되겠다 하여 영국이 나섰습니다. 그런데 평소에 '정의, 인도'를 주창하던 미국이 영국에 응하여 일어날 줄 알았는데, 조금도 도우려 하지 않았습니다. 2년 몇 달 동안을 지나서도 미국은 전쟁에 참여하지 않으려 했습니다. 그러다가 독일의 잠수함이 200여 명의 미국인이 타고 있던 영국 여객선 루시타니아호[2]를 침몰시키자 비로소 미국이 불의한 독일을 치지 않으면 안 되겠다고 한 것입니다. 이때가 1917년 4월 초순이었습니다.

---

2 1915년 5월 7일 제1차 세계대전 당시 아일랜드 연안에서 독일 잠수함에 의해 격침됐다. 사망자 1,198명 가운데 미국인이 128명이나 되어 미국과 독일간의 긴장이 고조됐고 1917년 4월에 미국이 참전하는 계기가 됐다.

어찌하여 우드로 윌슨Thomas W. Wilson[3] 대통령은 정의를 주창하던 전쟁 초반부터 같이 일어나지 않았을까요. 왜냐하면, 다 아시는 바와 같이 미국의 1억만 인구 중에는 3,000만 명 이상의 독일인 및 독일 인종이 살고 있습니다. 미국이 영국, 프랑스와 같이 힘을 합하여 독일을 공격하게 된다면 3,000만 명 중의 최대 다수가 안에서 일어났을 것입니다. 그리하여 미국이 어찌할 수 없이 참고 참았으며, 견디고 견딘 것입니다. 아무래도 이것은 독일이 불의하다는 사실을 3,000만의 독일인도 인정할 때까지 참고 견딘 것입니다. 그런 와중에 루시타니아호가 침몰했을 때 윌슨이 나섰습니다. 이번은 일어나지 않을 수 없다 할 때 미국이 일치하여 일어난 것입니다. 그리하여 영국이나 프랑스가 세력을 얻어서 대승리를 하게 된 것입니다.

미국은 이번 일로 10만 명 내외의 전사자를 냈습니다. 그래도 미국이 참전했기 때문에 연합국이 승리하였습니다. 미국이 의義, 즉 독일을 치지 않으면 안 되겠다는 정의의 관념으로 일어난 것이지, 유럽에 무슨 토지를 차지하려는 생각이 아니었습니다. 어찌하든지 불의한 독일을 치지 않으면 안 되겠다는 생각으로 일어난 것입니다.

---

[3] 1856-1924. 미국의 28대 대통령으로, 민족자결주의를 제창한 것으로 유명하다.

그리고 평화의 새벽을 맞은 후로 강화회의(전쟁을 하던 나라가 싸움을 그치고 화해하기 위해 여는 회의)가 열렸습니다. 그 강화회의가 어떻게 되었습니까? 또 오늘까지 평화회의가 열렸다고 하지만 어떤 결과로 끝이 났습니까? 영국이 평화회의라는 훌륭한 말을 했다고 하지만 사실 태양이 지는 때가 없다 할 만큼 영토를 확장한 것은 어떻게 생각해야 합니까? 이는 남의 나라를 억지로 빼앗은 것이 아닙니까? 강도질하여 나라를 크게 확장하고서 이번 싸움에서는 정의를 부르짖었습니다. 어떤 측면에서 볼 때 영국이 남의 나라를 빼앗은 것은 사실입니다. 남의 나라를 빼앗을 때는 정의의 싸움만 하지 않았습니다. 그렇지만 영국도 19세기 말부터 20세기 초까지 '나라'라 하는 것은 정의 위에 세우지 않으면 안 되겠다는 생각을 하게 되었습니다. 그래서 미국이 영국과 같은 결론을 내린 것입니다.

어디까지든지 함께하자 하고 이같이 결론지은 것을 보면, 영국의 정의가 미국 사람들에게 인정을 받게 된 셈입니다. 미국이 정의와 인도적 차원에서 남북전쟁을 했다는 사실로 볼 때 이번에도 싸우지 않을 수 없었을 것입니다. 정의와 인도를 위하여 전쟁을 했다는 것은 진실로 미국을 아는 자, 즉 미국 땅에 주거하는 사람이라면 더욱 잘 알 것입니다.

이 평화회의가 열렸을 때 소진蘇秦[4]이나 장의張儀[5]와 같이 말 잘하는 사람들이 모여서 자기의 영지를 조금이라도 더 확장하려는 것이 가능할까요? 저는 믿지 못합니다. 영국의 정치가인 로이드 조지David L. George[6], 프랑스의 정치가인 조르주 클레망소Georges Clemenceau[7], 윌슨 등의 사람들이 서로 만날 때는 별로 국제상의 이야기를 하지 않을 것입니다. 그러나 어느 사안을 결정하기 전까지 서로 이야기하며 그들 간의 친밀한 관계가 형성됐을 것입니다. 그런데 '포쉬' 장군이나 '혁크' 장군이 가입할지라도 그들은 항상 손을 잡고 같이 이야기하는 사람들이므로 친우가 서로 모여서 일을 결정하는 것 같이 상담해 줄 것입니다. 더욱이 중국에서 전권대사가 갔으며, 혹은 기타 각국의 전권대사가 가는 중에 … (일부 삭제됨)[8] ….

---

4 BC.337-BC.284. 중국 전국시대의 유세가. 진에 대항하여 연, 조, 한, 위, 제, 초의 여섯 나라가 동맹할 것을 설득하여 성공했다.

5 BC?- BC.309. 진나라의 재상이 되어 6국에 유세하여 열국으로 하여금 진나라에 복종하도록 힘썼다.

6 1863-1945. 영국의 정치가로 파리 강화회의(평화회담)을 주도했다.

7 1841-1929. 프랑스의 정치가이자 언론인. 파리 강화회의에서 프랑스의 전권 대표로 참석했다.

8 앞서 언급한 것과 같이, 길선주 목사의 설교 중 이 부분이 총독부의 검열에 의해 삭제되었다. 길선주 목사는 3·1독립선언서에 서명을 한 주요 인사였고, 이로 인해 고초를 겪기도 했다. 이 설교와 삭제된 부분은 교계 지도자로서만이 아니라 민족지도자로서의 길선주 목사의 면모를 잘 보여준다.

평화와 정의가 입을 맞춘다는 그리스도 이전의 시인이 노래한 그 말과 같이 될까요? 십자가 위에서 평화를 선언하신 그리스도의 생각과 같이 행하게 될지는 앞으로 두고 보아야 할 것입니다.

제1차 세계대전 후에 모인 평화회의는 결코 20여 년 전에 있었던 헤이그회담[9]과 같이 사기와 교활한 방법으로 끝날 것이 아니라 마음과 마음, 정신과 정신, 정의라는 것에 의지하여 이야기될 줄 알았습니다. 그런데 어떻게 되었습니까? 아무래도 세계의 평화는 약한 자에게 없는 모양입니다. 여러분은 그와 같은 데에 동요하지 말아야 합니다. 그리고 오늘 이후로는 "의는 평화와 입을 맞춘다"는 말을 기억하고, 정의의 기초 위에 서서 평화의 막이 열리도록 "위로부터 손을 펴사 지배하소서" 하고 기도해야 할 것입니다.

우리 개개인도 죄를 범하고 회개하지 않으면 마음에 평화가 오지 않는 법입니다. 가정 안에 싸움이 있을지라도 의로운 자가 이기지 못할 것 같으면 그 가정에 참 평화는 오지 않습니다. 나라와 나라 사이에 오늘과 같이 싸움이 일어나는 것은 어떤 곳이든지 불의한 까닭입니다. 이후 세계 역시 정의와 인

---

9 만국평화회의 또는 헤이그회담이라고 한다. 네덜란드 헤이그에서 1899년, 1907년 두 차례에 걸쳐 열린 국제 평화회담이다.

도에 따라 행하지 않으면 정말로 평화는 오지 않을 줄로 생각합니다. 다시 말하지만, 아무쪼록 여러분은 "의는 평화와 서로 입을 맞춘다"는 시편 85편 10절의 말씀을 가지고 하나님 앞에서 기도하며 구하시기를 간절히 희망합니다.

종교계 제명사 설교집. 1921.

길선주 목사연표

1869년 3월 15일	평안남도 안주 후장동에서 출생.
1896년	관성교를 비롯한 선도 수련에 매진.
1897년	널다리교회에서 세례를 받음.
1898년	장대현교회 영수로 임명.
1903년	평양신학교 입학.
1904년	《해타론》 발행.
1907년	조선예수교평양신학교 제1회 졸업, 장대현교회 목사로 취임.
1916년	《만사성취》 발행.
1919년	3·1운동 민족대표 33인 가운데 한 사람으로 독립선언서에 기명 날인.
1926년	《강대보감》 발행.
1935년	11월 26일 평안남도 부흥사경회 인도 중 하나님의 부름을 받음.

참고문헌

1차 문헌 자료

길선주. 해타론. 대한성교서회. 1904.
존 버니언의 《천로역정》을 전도와 교육을 위해 요약하여 재서술한 책으로, 총 20쪽이다. 영어 번역과 이에 대한 간단한 소개글이 〈*KIATS Theological Journal*〉 창간호 (2005) 86–95쪽에 실려 있다.

길선주. 만사성취. 광문사. 1916.
존 버니언의 《천로역정》을 그림, 한시, 산문 등을 사용하여 재서술한 책으로, 총 80여 쪽이다.
영문판, 현대 한국어판, 원문을 자료집 형태로 2008년 키아츠(KIATS)에서 출간했다.

길진경 편. 영계 길선주 목사 유고 선집 제1집. 대한기독교서회. 1968.
길선주 목사 유고집 개념으로 차남 길진경 목사가 정리한 책이다.
《말세학》, 〈산정현 교회사〉, 〈평양성 연합부인 전도회 사기〉와 같은 중요한 자료를 담고 있다.

이성호 편. 한국 신앙 저작집 1, 길선주 목사 설교 및 약전집. 혜문사. 1969.
길선주 목사의 설교 모음과 김인서 목사가 〈신학지남〉을 통해 집필한 길선주 목사의 생애를 담고 있다.

이성호 편. 한국 신앙 저작집 2, 강대보감 및 다니엘서 사경안. 혜문사. 1969.
길선주 목사의 설교 요약집에 해당되는 〈강대보감〉과 〈다니엘 사경안〉을 담고 있다.

최인화 편. 길선주 목사 설교집. 주교출판사. 1941.
19편의 설교와 28편의 설교 대지를 담아 출간한 책으로, 길선주 목사의 설교 모음집 중 가장 믿을 만한 판본으로 여겨진다.

길선주. 만사성취. 키아츠. 2008.
1916년에 길선주 목사가 출간한 책으로 본 책은 영문, 한글, 영인본으로 재구성하였다. 시조와 그림, 그리고 영생에 대해 보다 자세한 설명을 추가했다.

김정현, 길선주. 말세론 말세학. 키아츠. 2010.
길선주의 이름으로 〈신앙생활〉에 연재된 말세학과 김정현의 1935년 출간본에 기초해 1937년에 인쇄한 《말세론》 판본을 엮어 2010년 《말세론 말세학》을 출간했다. 원본 이미지와 함께 현대 한국어로 풀어 쓴 본문과 영어 번역본을 담았다.

그 밖에 기타 중요한 필사본으로 《산림처사춘몽가》, 《길영계선생역사》, 《길선주 비유집》 등이 있으며, 이 필사본들은 장로회신학대학교 도서관에 소장되어 있다.

참고문헌

2차 문헌 자료

단행본

길진경. 영계 길선주. 종로서적. 1980.
　　길진경 목사가 작품을 구상한 지 20년 만에 펴낸 길선주 목사의 자서전. 많은 국내외 자료에 근거해서 길선주 목사의 생애를 총 5기로 나누어 정리한 길선주 목사 연구의 결정판이다. 선교사 사무엘 마펫(마포삼열)의 아들인 사무엘 휴 마펫의 머리말과 총 여덟 부분으로 이뤄진 방대한 양의 부록은 쉽사리 만나기 힘든 자료가 주는 맛을 더해 주고 있다.
길진경 편. 길선주 목사 예화모음. 기독교문사. 1994.
　　길선주 목사가 남긴 예화, 격언, 비유 및 설교 요지를 담은 책. 길진경 목사가 엮고, 길선주 목사의 손녀 길화영이 출판하였다.
안수강. 길선주 목사의 말세론 연구. 예영커뮤니케이션. 2008.
허호익. 길선주 목사의 목회와 신학사상. 대한기독교서회. 2009.
김학중. 길선주(한국교회 부흥의 꽃을 피운 초석). 넥서스CROSS. 2010.

학술지에 실린 연구 논문

김석환. 길선주 목사와 한국 교회. 칼빈 논단 24. 2004.
김승철. 3·1독립운동과 부흥사 영계 길선주 목사의 관계. 목원대학교 논문집 47. 2006.
나동광. 길선주의 생애와 민족운동. 문화전통논집 9. 2001.
문백란. 길선주의 종말론 연구. 교회와 역사 4. 2000.
안수강. 길선주(吉善宙) 목사의 민족애와 현재적 함의 고찰: 그의 '韓民族言約史觀'을 중심으로. 역사신학논총 36. 2020.
양현표. 길선주 목사의 신학과 방법론. 신학지남 81. 2014.
옥성득. 평양대부흥운동과 길선주 영성의 도교적 영향. 한국기독교와 역사 25. 2006.
이인재. 한국 교회 부흥운동에 관한 연구: 길선주, 김익두, 이용도 목사를 중심으로. 한국신학 27. 2005.
이현웅. 1907년 평양대부흥운동의 주역 길선주 목사의 삶과 설교. 신학사상 137. 2007.
허호익. 길선주 목사의 '말세학'의 한국 신학적 특징. 신학과 문화 16. 2007.

영문 박사학위 논문

In Soo Kim, "Protestants and the Formation of Modern Korean Nationalism, 1885-1920(A Study of the Contributions of Horace Grant Underwood and Sun Chu Kil", Union Theological Seminary in Virginia, Ph.D. Thesis, 1993.

Shin Kim, "Study of the Contributions of Sun Joo Kil to the Formation of the Presbyterian Church in Korea", Fuller Theological Seminary, M.A. Thesis, 2001.